A Vingança da História

O Marxismo e as Revoluções do Leste Europeu

Alex Callinicos

A Vingança da História

O Marxismo e as Revoluções do Leste Europeu

com prefácio do autor à edição brasileira

Tradução:
Ruy Jungmann

Revisão Técnica:
Carlos Nelson Coutinho
Professor titular de Teoria Política da UFRJ

Jorge Zahar Editor
Rio de Janeiro

Título original:
The Revenge of History
(Marxism and the East European Revolutions)

Tradução autorizada da primeira edição inglesa,
publicada em 1991 por Polity Press,
em associação com Basil Blackwell, de Oxford, Inglaterra

Jorge Zahar Editor Ltda.
rua México 31 sobreloja
20031 Rio de Janeiro, RJ

Editoraçào eletrônica: Delta Line Composições Ltda.
Impressão: Tavares e Tristão Ltda.

ISBN: 0-7456-0848-5 (ed. orig.)
ISBN: 85-7110-240-6 (JZE, RJ)

CIP-Brasil. Catalogação-na-fonte
Sindicato Nacional dos Editores de Livros, RJ.

Callinicos, Alex
C162v A Vingança da história: o marxismo e as revoluções do Leste Europeu / Alex Callinicos; com prefácio do autor; tradução Ruy Jungmann; revisão técnica, Carlos Nelson Coutinho. — Rio de Janeiro: Jorge Zahar Ed., 1992.

Tradução de: The revenge of history: (marxism and the East European revolutions)
Índices
ISBN 85-7110-240-6

1. Socialismo. 2. Marxismo. I. Título.

CDD — 320.531
335
CDU — 321.74
330.86

92-0507

Sumário

"A vingança da história é mais terrível do que
a vingança do mais poderoso Secretário-Geral."

Leon Trotsky

"*Die Weltgeschichte is das Welgericht.*
(A história do mundo é o julgamento do mundo.)"

Friedrich von Schiller

Para Tony Cliff, o piloto que venceu a tempestade

Prefácio à Edição Brasileira

As duas revoluções de 1989 e 1991 — a destruição dos regimes stalinistas do Leste europeu e o colapso não só do Partido Comunista da União Soviética, mas da própria URSS — incluem-se, indubitavelmente, entre os grandes eventos da era moderna. De modo igualmente claro, elas representam um profundo desafio ao marxismo, seja para que esse último entenda o que ocorreu, seja para que demonstre que os sinos que dobram pelo stalinismo não dobram também por ele. *A vingança da história* é uma resposta a esse duplo desafio. Foi escrito na primavera de 1990, no intervalo entre as revoluções no Leste europeu e o fracassado golpe soviético de agosto de 1991. Penso que os novos desenvolvimentos não constituem um desafio sério às análises esboçadas neste livro. A inflexão de Gorbachev no sentido do emprego de métodos autoritários, descrita no Capítulo 2, atingiu seu clímax no início de 1991, com a dura repressão nas repúblicas bálticas. Foi a reação popular a esse deslocamento para a direita — sobretudo através da greve dos mineiros em março-abril de 1991 — que rompeu a coalizão conservadora, pressionando Gorbachev a se aliar com a oposição liberal-democrata liderada por Ieltsin, que então estava no governo da Federação Russa e de muitas prefeituras. A desastrada tentativa dos antigos aliados de Gorbachev de impor, em agosto, uma solução autoritária nos quadros do "stalinismo de mercado"(a que me refiro no Capítulo 2) terminou por produzir o oposto da intenção de seus autores: levou Ieltsin e os liberais ao poder e destruiu a União Soviética. Agora, em escala mais vasta, está sendo tentado na Rússia o mesmo tipo de transição ao capitalismo de mercado que foi experimentado na Polônia e na Tchecoslováquia depois de 1989. De acordo com o primeiro-ministro polonês, a "terapia de choque" neoliberal provocou uma "catástrofe"em seu país; contudo, são os mesmos remédios, receitados pelos mesmos assessores ocidentais, como Jeffrey Sachs, que estão sendo agora impostos ao povo russo. Cabe esperar para ver os resultados. Parece claro, porém, que está emergindo uma sinistra coalizão de stalinistas e nacionalistas russos tradicionais, com a expectativa de tomar o poder na esteira do descontentamento provocado pelas políticas de Ieltsin. Como o *laissez-faire* introduzirá devastação entre as ruínas do "socialismo realmente existente", é mais do que nunca urgente examinar quais são as possibilidades do socialismo num mundo que — como o demonstram a Guerra do Golfo e o colapso da União Soviética — emergiu da Guerra fria apresentando não menos, porém mais perigos. É a esse exame que *A vingança da história* está dedicado.

ALEX CALLINICOS
março de 1992

Prefácio e Agradecimentos

Um de meus maiores motivos de prazer e inspiração nos últimos anos têm sido as oportunidades, cada vez maiores, de me encontrar com socialistas — isto é, socialistas autênticos, e não apologistas do stalinismo — do que temos, agora, de deixar de chamar de Bloco Oriental. Esses encontros têm sido uma razão, entre muitas, para que eu me recuse a acreditar na tão amplamente anunciada morte do socialismo. Ouvir, por exemplo, Boris Kagarlitsky em setembro de 1989, às vésperas das revoluções no Leste europeu, pronunciar em Londres sua Conferência em Memória de Isaac Deutscher perante uma audiência que incluía, juntamente com centenas de jovens e entusiásticos socialistas, o líder dos metalúrgicos sul-africanos, Moses Mayekiso, deu-me a impressão de que o movimento socialista reemergia 60 anos após ter sido destruído por Stalin e Hitler. Este livro é, entre outras coisas, uma contribuição ao que deve ser um diálogo internacional da esquerda sobre as implicações do colapso do stalinismo para a teoria e a prática do socialismo.

Não trago para esta discussão nenhum grande conhecimento especializado da URSS e da Europa Oriental. De uma maneira ou de outra, porém, fatos ligados à Rússia sempre me interessaram muito e, por causa disso, contraí muitas dívidas. Gostaria, por conseguinte, de saudar meus velhos amigos Olga Semonova e Victor Haynes e de agradecer a Xan e Jane Smiley, cuja bondade durante o tempo em que me hospedaram em Moscou superou de longe os requisitos da hospitalidade e parentesco. David Held foi, mais uma vez, tudo o que se poderia esperar de um editor, ignorando generosamente algumas críticas que fiz às suas opiniões sobre este livro.

Todas as pessoas referidas acima gostariam, imagino, de eximir-se de qualquer responsabilidade pelo que se segue. Há outras, porém, que não podem se eximir com tanta facilidade assim. Há 40 anos, Tony Cliff formulou a teoria do capitalismo de Estado, à qual recorro com muita freqüência neste livro. As revoluções de 1989 confirmaram a sua obra e é mais do que justo, por conseguinte, que eu lhe dedique este livro. Chris Harman, por outro lado, realizou nas duas últimas décadas uma análise inigualável da crise dos regimes stalinistas. Minha dívida com os dois é imensurável. Ambos leram este livro em sua versão preliminar, o que também foi feito por John Rees, que lhe sugeriu o título. Sou grato a todos os três pela ajuda. Raramente me senti tão consciente de como é relativamente limitada a contribuição do autor individual, embora, é claro, só eu possa ser considerado responsável pelo resultado final.

Introdução

Qualquer tentativa de explicar por que escrevi este livro seria irrelevante. As revoluções que transformaram a Europa nos três últimos meses de 1989 foram aquele tipo de evento muito raro, de evento que realmente abala o mundo. Os esforços para captar a escala desses acontecimentos há muito se transformaram em lugares-comuns. O terremoto ocorrido no Leste, porém, representa mais do que o colapso de seis regimes* ou a conseqüente reorganização do sistema estatal internacional. Trata-se de um acontecimento ideológico de primeira magnitude. A religião oficial do Império Russo era o marxismo-leninismo. Um fator no solapamento dessa ideologia — que precedeu, com grande antecedência, a queda dos regimes que ele buscava legitimar — foi a estagnação induzida pelas economias de comando burocrático do Bloco Oriental. E, assim, a desintegração do governo do Partido Comunista tem sido proclamada como confirmação da morte do marxismo e, na verdade, do próprio socialismo.

O objetivo deste livro é muito simples — refutar essa inferência, negar que a agonia do stalinismo importe na falência da tradição socialista revolucionária fundada por Marx. Minha intenção aqui não é antecipar os argumentos que serão desenvolvidos nos capítulos que se seguem. Mas é importante enfatizar um ponto. Este livro é uma defesa do marxismo, embora feita de um ponto de vista que a maioria dos intelectuais marxistas consideraria excêntrico. O marxismo experimentou, como resultado das grandes comoções de fins da década de 1960 e princípios da de 1970, um enorme renascimento intelectual, cujos efeitos são ainda sentidos nos meios acadêmicos, especialmente no mundo de fala inglesa, a despeito dos numerosos desapontamentos e derrotas sofridos pela esquerda do Ocidente na década de 1980. Por

* Polônia, Hungria, Alemanha Oriental, Bulgária, Tchecoslováquia e Romênia.

mais valiosa, e às vezes brilhante, que tenha sido a produção desse marxismo acadêmico, ela encontrou — conforme tentarei demonstrar abaixo — grande dificuldade para compreender o sentido da crise no Bloco Oriental.

A razão disso, ao que me parece, é política. Os intelectuais de esquerda tendem a supor que há apenas duas tradições socialistas importantes. A primeira é o que às vezes se chama de "comunismo ortodoxo", ou "marxismo-leninismo", (mas que prefiro chamar de "stalinismo") até recentemente a ideologia estatal do Leste, que identifica socialismo com governo de um único partido e com economia de comando burocrático. Em sua versão russa, esse tipo de socialismo perdeu há muito tempo seu fascínio político no Ocidente (embora, no Terceiro Mundo, a situação tenha sido diferente). Nas décadas de 1960 e 1970, contudo, numerosos marxistas do Ocidente sentiram-se atraídos pela variante "esquerdista" do stalinismo, que passou a ser conhecida pelo nome de "maoísmo". Ao falhar esse Deus, a única alternativa (para os que queriam permanecer socialistas) foi a outra principal tradição da esquerda, a social-democracia, que se propõe a transformar, ou pelo menos melhorar, o capitalismo dentro do contexto da democracia liberal ocidental. Os que sentem um justificável mal-estar diante dos insípidos desempenhos de social-democratas que ocuparam ou ocupam o poder — as políticas de Mitterrand, González, Papandreou, Hawke e Lange na década de 1980, diferiram muito pouco das implementadas por Reagan, Kohl e Thatcher — podem se dirigir para os Verdes, embora a atuação destes últimos sugerisse que, com maior probabilidade, eles seriam antes um apêndice do que uma alternativa aos partidos da Segunda Internacional.

Ora, a principal suposição deste livro é que a opção enfrentada pelos socialistas não se esgota nessa insatisfatória alternativa entre stalinismo ou social-democracia. Há uma terceira grande tradição socialista, a revolucionária, fundada por Marx e Engels e que teve prosseguimento principalmente com Lenin e os bolchevistas, com Trotsky e a oposição de esquerda, com Rosa Luxemburgo e Gramsci. Dessa maneira, insistir na especificidade da tradição socialista revolucionária, no que Isaac Deutscher chamou de "marxismo clássico", implica negar aquilo que é tratado como axiomático por todos os comentaristas da tendência dominante e pela maioria dos socialistas, isto é, que Stalin deu continuidade e, mais que isso, levou à consumação a revolução liderada por Lenin em outubro de 1917, e, por conseguinte, que foi o "leninismo" que entrou em colapso no Leste. E é isso exatamente o que eu nego: o stalinismo representou uma contra-revolução, a liqüidação final de tudo o que a Revolução de Outubro procurou realizar. Se essa alegação — que acredito ser historicamente demonstrável — é verdadeira, então o sentido das revoluções no Leste europeu é muito diferente daquele que geralmente lhe atribuem. O que está morrendo na desintegração do Bloco Oriental não é o socialismo, ainda que numa forma degenerada ou distorcida, mas a negação do socialismo. O seu colapso pode, por conseguinte, permitir que a autêntica tradição marxista, há muito tempo marginalizada, volte à luz do dia.

Mas uma coisa é dizer isso e outra, inteiramente diferente, fornecer argumentos convincentes em sua defesa. Ofereço, no que se segue, o que tenho esperança de serem esses argumentos. Não pretendo, contudo, fornecer aqui uma defesa do marxismo contra *todas* as críticas importantes. Minha ênfase é posta nas questões colocadas pela agonia do stalinismo, e minha escolha dos temas reflete isso: mesmo meu tratamento da história da URSS é altamente seletivo; além disso, deixo inteiramente de lado regimes stalinistas do Terceiro Mundo, como os da China e Cuba. Discuti outras questões importantes em contextos diferentes, notadamente em dois outros livros que, mais em retrospecto do que em concepção, compõem uma trilogia com este que o leitor tem em mãos: *Making History* (1987) contém uma análise filosófica da teoria marxista da história e da revolução, enquanto *Against Postmodernism* (1990) combate a idéia de que vivemos em uma época "pós-industrial", qualitativamente nova. De modo geral, subscrevo aqui os argumentos expendidos nesses livros, embora o conhecimento dos mesmos não seja, em qualquer sentido, uma precondição para compreender o que se segue. O fato de que outra questão controversa — a questão dos gêneros — não seja abordada aqui não significa que eu tenha qualquer dúvida sobre sua importância: ela foi, contudo, tratada com grande competência por Lindsey German, em *Sex, Class and Socialism* (1989).

Limitado por essas restrições, a estrutura do livro é muito simples. O Capítulo 1 descreve a experiência de 1989, menciona a sua interpretação dominante, tanto de esquerda quanto de direita, como sendo o fim do marxismo e tenta esclarecer o que entendo como tradição socialista revolucionária. O Capítulo 2 analisa o maior triunfo e o maior fracasso dessa tradição, a Revolução de Outubro, acompanhando o desenvolvimento do stalinismo desde os primeiros dias do poder soviético até a era da *perestroika* e analisando a natureza e os limites da crise que ora esfacela esse sistema econômico e político. No Capítulo 3, tento esvaziar o triunfalismo que proclama essa crise como a vitória do capitalismo liberal, examinando os conflitos entre as potências ocidentais que as convulsões no Leste tenderão, no mínimo, a exacerbar. Finalmente, no Capítulo 4, procuro reivindicar a visão marxista clássica do socialismo, ou seja, a de uma ordem superior ao capitalismo realmente existente, nas suas duas principais versões atuais: o capitalismo burocrático de Estado as economias de mercado regulamentadas do Ocidente. Alimento a esperança de ter assim lançado firmes alicerces para minha conclusão: a de que as revoluções no Leste europeu devem ser consideradas não como sendo, principalmente, uma crise da esquerda, mas como uma oportunidade para, finalmente, libertar o socialismo do pesadelo do stalinismo.

1
O Fim do Socialismo?

"A revolução é o frenesi inspirado da História."

Leon Trotsky

1.1 O FRENESI INSPIRADO DA HISTÓRIA

Ainda parece extraordinário que 1989 tenha se transformado no ano da revolução. Isso porque o estado de espírito no Ocidente era profundamente conservador. Desfrutando ainda da recuperação econômica que prevalecera durante a maior parte da década, os países capitalistas avançados representavam aquela parte do globo da qual a idéia de revolução há muito fora aparentemente banida. O fato de que 1989 assinalasse o bicentenário da Grande Revolução Francesa apenas sublinhou esse fato. O livro mais vendido em ambos os lados do Atlântico foi *Cidadãos*, de Simon Schama, um livro que, refletindo o consenso antimarxista que ora prevalece entre os historiadores da Revolução, oferecia uma reembalagem modernosa da visão conservadora de 1789 e de suas conseqüências: tal como seus precursores, de Burke em diante, Schama pintava um retrato da Revolução como uma explosão demoníaca de violência irracional mas produzindo-o com todos os consideráveis expedientes retóricos à sua disposição, utilizando as técnicas historiográficas mais modernas e fazendo reverências ao feminismo, de modo que, por exemplo, o Grande Medo aparecia principalmente como uma desagradável interrupção das férias do Marquês de La Tour du Pin. A mensagem comercial era muito clara: as revoluções são uma Má Coisa, sangrenta, destrutiva, irracional.

Até mesmo o primeiro-ministro francês, Michel Rocard, justificou a pródiga comemoração do ano de 1789, patrocinada por seu governo, com o argumento de que ela "convenceu um bom número de pessoas de que revolução é coisa perigosa e que, se podemos passar sem ela, tanto melhor".[1] As grandes correntes da opinião bem informada no Ocidente compartilhavam dessa atitude. Aparentemente, o "fim da ideologia" anunciado por Daniel Bell fora comprovado, trinta anos depois de divulgado, em fins da década de 1950. Para a "nova classe média", que se saíra tão bem com o crescimento econômico da década de 1980, a boa vida parecia consistir em seguir as dicas oferecidas pelas comédias sociais *yuppie* menores, tão populares em fins da década, *thirtysomething* e *sex, lies and videotape*, bem como em cultivar os prazeres e as preocupações dos relacionamentos pessoais. Se alguém precisasse de garantias intelectuais para seguir esse caminho, filósofos "pós-modernos" como Richard Rorty estavam à mão, para argumentar que as "grandes narrativas" sobre a emancipação humana construídas por Hegel e Marx eram pura mistificação e para celebrar o aparecimento no Ocidente de uma "cultura crescentemente irônica", dominada pela "busca da perfeição privada".[2]

É difícil imaginar um clima político e cultural menos propício a se compreender o sentido do que realmente aconteceu em 1989. Primeiro, os estudantes chineses se rebelaram, indo às ruas para exigirem direitos democráticos, e, durante algum tempo, humilharam os encanecidos governantes do país. Ao ser mobilizado para esmagar os protestos estudantis na Praça Tiananmen, o Exército descobriu que os bairros operários de Pequim barricavam-se contra ele; e descobriu que toda a população dessa e de outras cidades chinesas cerravam fileiras em apoio ao movimento pela democracia. Até mesmo o terrível massacre de 3-4 de junho, quando o que estava se transformando em um levante de estudantes e operários contra o regime do Partido Comunista foi afogado em sangue, deixou atrás de si uma imagem indelével de coragem e desafio, quando o mundo todo viu um jovem solitário deter uma coluna de tanques.[3]

Em certo sentido, Tiananmen constituiu uma medíocre preparação para o que se seguiu na Europa Oriental. Reforçou a imagem do "socialismo realmente existente" como um monólito profundamente resistente à mudança real. O medo de instabilidade levara os governantes da China a suspender as reformas econômicas que haviam introduzido antes e a destruir o movimento democrático. Mas o processo de reformas iniciado na URSS depois da posse de Mikhail Gorbachev como secretário-geral do Partido Comunista da União Soviética, em março de 1985, teve resultados muito diferentes e inteiramente inesperados na Europa Oriental.[4] Permitiu aos regimes polonês e húngaro tentar resolver suas próprias crises de crescimento e legitimidade mediante a conclusão, na primavera de 1989, de acordos com a oposição, acordos cujo resultado mais espetacular foi a vitória do Solidariedade nas eleições de 4 de junho e a formação, dois meses e meio depois, de um governo de coalizão dos antigos adversários, o sindicato e o (logo depois desagregado) Partido Comunista. Mas foi um subproduto dessas mudanças o que desencadeou o processo decisivo de transformação na Europa Oriental. A abertura pela Hungria de suas fronteiras com a Áustria permitiu o que logo se transformou em emigração maciça de alemães orientais para o Ocidente. O tapete em que se apoiava o regime da Alemanha Oriental foi puxado quando

Gorbachev, visitando Berlim Oriental no dia 7 de outubro, deixou claro que Moscou não sancionaria o emprego da força para esmagar as demonstrações de massa que a emigração e mudanças em outras partes do Bloco Oriental estimularam em Leipzig e outras cidades. A solução dada ao problema, a de tranqüilizar a população com a abertura do Muro de Berlim no dia 9 de novembro, assinalou não uma solução, mas o colapso do governo do Partido Comunista, e, mais do que isso, para além de todas as esperanças e temores realistas, a rápida reunificação da Alemanha.

Os fatos ocorridos na Alemanha logo encontravam eco na Tchecoslováquia. Tal como na China, os estudantes iniciaram um terremoto, mas aqui com resultados mais felizes. A repressão brutal das demonstrações estudantis em Praga, em 17 de novembro, provocou uma reação maciça. Os governantes da Tchecoslováquia, instalados no poder quando os tanques russos esmagaram a Primavera de Praga em agosto de 1968, foram vítimas de seu próprio petardo, uma vez que a oposição soviética à repressão negava-lhes a opção de um massacre no estilo Tiananmen. No dia 24 de novembro, Alexander Dubcek teve uma recepção de herói na Praça Wenceslau e a liderança do Partido Comunista renunciou ao poder. No fim do ano, Václav Havel, um dramaturgo da oposição, tomava posse como presidente e a Tchecoslováquia, juntamente com o resto da Europa Oriental, começava a palmilhar a estrada da democracia liberal. Mas, nesse momento, aconteceu a mais extraordinária de todas as mudanças. O único regime a tentar repetir o sucesso de Deng Xiaoping no esmagamento da resistência popular, o tresloucado despotismo stalinista de Nicolae Ceausescu na Romênia, foi derrubado por uma insurreição armada. Pela primeira vez desde os dias longínquos do triunfo de Franco sobre os republicanos na Espanha, ecoaram na Europa os sons da guerra civil. E o mundo mal tivera tempo de absorver o impacto da Revolução do Natal quando a própria União Soviética pareceu ingressar numa fase nova e mais sombria da *glasnost e perestroika,* com Gorbachev concentrando nas mãos enormes poderes como presidente executivo e partindo para um confronto com os movimentos nacionalistas que ameaçavam a integridade da União Soviética na Transcaucásia e no Báltico. O capítulo de mudanças espantosas iniciadas no que já parecia um passado muito remoto, a primavera de 1989, não parecia ainda ter-se encerrado.

Mas o que significavam as revoluções que já haviam ocorrido? Através de seus próprios atos e, especialmente, das cenas extraordinárias de felicidade geral, que constituíram uma parte tão forte e comovente das revoluções, os povos da Europa Oriental deixaram claro o que as mudanças significavam para *eles.* O problema era outro, contudo, para a população do Ocidente, que só por delegação pudera participar desses acontecimentos. Uma das coisas mais notáveis de 1989 foi a maneira como o sistema de comunicações global permitiu que enormes audiências em todo o mundo vissem o que estava acontecendo, em cenas de horror — como os tanques entrando tonitruantes na Praça Tiananmen — e de grande júbilo — como as multidões delirantes derrubando o Muro de Berlim. Foi realmente engraçado observar comentaristas ocidentais, que não muito antes tinham lamentado a revolução como o maior dos pecados políticos, justificarem a rápida liqüidação dos Ceausescu invocando a mesma lógica política implacável usada para justificar as execuções de Luís XVI da França e Nicolau II da Rússia. Hugh Trevor-Roper, o decano dos historiadores conservadores, ignorou alegremente essa circunstância dizendo:

> Sem dúvida nenhuma, um julgamento formal teria produzido melhor impressão. Nas revoluções, porém, os fatos acontecem rapidamente e os homens têm que agir. Ditadores que tão visivelmente levaram seus países à ruína e claramente assumiram responsabilidade pelos seus crimes renunciaram a seus direitos civis. São como piratas, "inimigos da raça humana", e é bom que saibam disso. Os historiadores podem se emparelhar mais tarde com os fatos.[5]

A nova tolerância do sistema ocidental com a violência revolucionária, porém, foi menos importante do que outras considerações. Muitas pessoas, no mundo capitalista avançado, devem forçosamente ter sentido o contraste entre sua própria situação e os fatos que apareciam nas telas de suas televisões. A alegria demonstrada pelos manifestantes europeus orientais parecia envolver mais do que uma reação à queda de regimes odiados ou à previsão (provavelmente irrealista) das delícias da sociedade de consumo. Parecia representar a recuperação profundamente sentida da ação coletiva. Eram pessoas cuja elevação moral decorria do sentimento de que podiam obter algum controle sobre o mundo, podiam reconstruir a sociedade em que viviam. Contudo, a situação das democracias liberais do Ocidente — supostamente o objetivo das revoluções de 1989 — era sabidamente uma situação na qual a esfera pública fora corroída, na qual a experiência social era profundamente fragmentada, na qual a vida privada do cidadão tornara-se o centro principal de seus investimentos emocionais e materiais, sua principal fonte de prazer e realização. O contraste apareceu talvez de forma mais nítida durante a revolução romena de dezembro de 1989. Em meio ao ofuscamento consumista que é um Natal moderno, os espectadores ocidentais de televisão puderam acompanhar um drama revolucionário que observou rigorosamente os padrões estabelecidos em 1789, 1848 e 1917. Não é de espantar que 1989 fizesse George Steiner perguntar sombriamente se "o chicote numa mão e o cheesebúrguer na outra" esgotavam as alternativas enfrentadas pela civilização humana.[6]

A despeito de tudo isso, o sentimento mais forte gerado pelas revoluções de 1989 foi de júbilo. Muito além dos países diretamente afetados, as pessoas compartilharam de um sentimento de possibilidades subitamente ampliadas. Partes do mobiliário do mundo do pós-guerra, que haviam parecido inamovíveis, subitamente desapareceram — literalmente, no caso do Muro de Berlim. Suposições antes inalteráveis — como, por exemplo, de que a Europa seria permanentemente dividida entre as superpotências — ruíram bruscamente. A impressão era que o mundo despertara subitamente de um longo sono. Esse sentimento foi mais forte na Europa, o continente afetado de forma mais direta, mas ecoou também em outras partes do mundo — no Oriente Médio, por exemplo, e na África do Sul, onde um processo de reforma autoritário, análogo ao de Gorbachev, resultou, em fevereiro de 1990, na longamente esperada libertação de Nelson Mandela. Parecia que o mundo poderia ser reconstruído.

1.2 ADEUS A MARX?

Que coisa mais estranha, então, que a mais celebrada interpretação do colapso do stalinismo previsse a entrada do mundo em "séculos de tédio", marcados pela "tranqüila vitória do liberalismo econômico e político", assinalando não só o "triunfo do Ocidente", mas "o fim da história como tal: isto é, o ponto final da evolução ideológica da humanidade e a universalização da democracia liberal ocidental como a forma final de governo". O ensaio de Francis Fukuyama, que se tornou imediatamente famoso, precedeu na verdade as revoluções no Leste europeu, tendo aparecido no verão de 1989. Não obstante, sua pertinência foi, no mínimo, reforçada pelas sublevações dos meses que se seguiram à sua publicação. Os numerosos críticos de Fukuyama identificaram rapidamente muitas das principais falhas do ensaio. Seu contexto teórico fora obviamente fornecido pela interpretação da filosofia da história de Hegel feita por Alexander Kojève. As aulas de Kojève sobre Hegel produziram um importante impacto na cena intelectual parisiense na década de 1930; seu reaparecimento na América, cinqüenta anos depois, inicialmente como personagem do romance de Saul Bellow, *More Die of Heartbreak*, e, em seguida, como poderosa influência sobre o vice-diretor do Grupo de Planejamento de Política do Departamento de Estado, constitui um dos episódios mais bizarros da história cultural recente. Fukuyama extraiu de Hegel e Kojève duas afirmações principais: em primeiro lugar, que conflitos entre ideologias constituem o motor da história; e, em segundo, que o liberalismo é a última grande ideologia. Dessas duas premissas, ele tirou a conclusão de que a história acabou. Mas mesmo que essas duas proposições captassem exatamente o pensamento de Hegel (o que é duvidoso), não há razão especial para acreditar em nenhuma delas: as tentativas de Fukuyama de explicar, de uma vez por todas, a persistência do nacionalismo e o recrudescimento do fundamentalismo religioso como "impulsos inteiramente esgotados, mesmo em partes do mundo pós-histórico", eram particularmente pouco convincentes. O elemento apologético do ensaio era mais do que evidente, como na afirmação quase encantadoramente absurda, de que "o igualitarismo da América moderna constitui a realização fundamental da sociedade sem classes imaginada por Marx" — centros de cidade esvaziados por quadrilhas de traficantes de drogas em guerra eram, claro, parte fundamental do esquema de Marx para o comunismo.[7] Podemos compreender por que o ensaio de Fukuyama tornou-se a coqueluche de Washington: ele oferecia um contraponto à previsão igualmente celebrada de Paul Kennedy, no *Ascensão e queda das grandes potências*, de que os Estados Unidos seguiriam a Espanha e a Grã-Bretanha na estrada do declínio imperial, à medida que sua supremacia econômica fosse corroída por rivais, como o Japão. "Não é de espantar que a 'teoria do fim' tenha obtido tanto sucesso", comenta Paul Hirst. "Ela proporcionou um fundamento lógico sofisticado para os lugares-comuns da vida política americana."[8]

Resta o fato, contudo, de que — a despeito de toda a excentricidade das idéias filosóficas de Fukuyama e das marcas de origem do seu ensaio no Governo Bush, — ele expressou o espírito da época. A maioria de seus críticos reconheceu, para usar as palavras de Edward Mortimer, que "o principal argumento de Fukuyama — a atual falta de concorrentes ao liberalismo econômico e político no mercado ideológico mundial — é muito difícil de refutar".[9] Até mesmo a idéia do fim da história despertou interesse. Fukuyama concluiu seu ensaio dizendo:

> O fim da história será uma ocasião muito triste. A luta pelo reconhecimento, a disposição de arriscar a própria vida por um objetivo puramente abstrato, a luta ideológica mundial que gerou ousadia, coragem, imaginação e idealismo será substituída pelo cálculo econômico, pela solução interminável de problemas técnicos, pelas preocupações ambientais e pela satisfação de exigências sofisticadas dos consumidores. No período pós-histórico não haverá nem arte nem filosofia: apenas o trabalho eterno de zelador do museu do espírito humano.[10]

Mas isso, embora formulado num jargão estranho e que emerge de uma origem inesperada, exprime nada mais do que a tese central do pós-modernismo: a de que as "grandes narrativas" da emancipação humana se esgotaram no mundo "hiper-real" do capitalismo do consumidor, onde as lutas para transformar a sociedade foram suplantadas pela simulação da experiência através dos meios de divulgação de massa, cujas imagens não refletem mas sim formam a realidade. Nesse aspecto, a "teoria do fim" de Fukuyama não passa de uma variação de um dos temas culturais dominantes da década de 1980.

As implicações políticas, contudo, eram muito claras: o Ocidente vencera; o socialismo, pelo menos em sua forma marxista, estava acabado. A Nova Direita, naturalmente, apressou-se em trombetear essa mensagem. Teria sido muito estranho se não fizesse isso. A sra. Thatcher proclamou a década de 1980 como a do "fracasso do socialismo". Um de seus mais poderosos defensores intelectuais, lorde Rees-Mogg, ex-editor do *The Times,* anunciou — com o ar de quem acabava de fazer uma nova descoberta, — que "Marx é um profeta defunto. Ele entrou em pane", embora seja difícil de acreditar que ele tenha jamais pensado algo diferente.[11] Outro thatcherita ardente, Paul Johnson, tentou utilizar as revoluções no Leste europeu para obter apoio em favor de uma caça às feiticeiras, e revelando nesse processo os compromissos profundamente libertários da Nova Direita:

> O que é surpreendente na Grã-Bretanha da década de 1990 é que os seguidores intelectuais desse perigoso charlatão [isto é, Marx] ainda tenham voz influente em nossa imprensa, nos meios de divulgação eletrônicos e em nossas universidades. Não permitimos tal licença a expoentes da teoria racial nazista. O marxismo está mortalmente ferido, mas não há razão para que deva desfrutar o luxo de uma prolongada cena de agonia.[12]

Até mesmo uma figura mais complexa e interessante, Timothy Garton Ash, não pôde resistir à tentação de explorar as revoluções, na esperança de ressuscitar a sorte vacilante da Nova Direita ocidental. Na qualidade de jornalista, Ash cobriu o nascimento e a derrota inicial do Solidariedade em 1980-81 quando — na expressão muito feliz de John Rees — ele foi "tocado pelo dedo iluminador da revolução."[13] Seus despachos, publicados no *The Spectator* e em um livro posterior, *The Polish Revolution*, captou com brilhantismo o grande movimento dos operários poloneses em toda sua vida e contradições. Todas as manifestações de resistência no Leste, fiel e vividamente registradas por Ash, foram porém usadas para martelar a mesma mensagem: a única alternativa ao stalinismo era o capitalismo liberal ocidental. A descrição de Ash da volta de Dubcek a Praga, em novembro de 1989, mostra igualmente sua competência literária, seu olho para o detalhe e seu talento para a analogia convincente, bem como sua hostilidade ao socialismo:

> Enquanto andávamos rapidamente pelas arcadas comerciais cobertas, a fim de chegar ao balcão, o povo ficava simplesmente boquiaberto, como se a alma de Winston Churchill descesse a passos largos a Burlington Arcade. Mas, quando ele saiu para o gelado ar vespertino, iluminado pelos holofotes da televisão, a multidão soltou um rugido como nunca ouvi antes. DUBCEK!DUBCEK! (...) Ele não mudou com o passar dos anos. Seu discurso

ainda contém as mesmas frases duras, pré-fabricadas, da nova língua. Ele ainda acredita no socialismo — isto é, no comunismo reformado, com uma face humana.[14]

Presumivelmente, se Dubcek tivesse ministrado à multidão uma aula no jargão hermético de Hayek e Friedman — como aliás o fez a figura muito mais comprometida de Walt Komarek, que de alguma maneira conseguiu dissociar-se da filiação ao Partido Comunista e tornar-se vice-primeiro-ministro no governo Havel —, Ash o teria prudentemente louvado por sua sabedoria.

Tudo isso, contudo, era de se esperar. Mais interessante, talvez, tenha sido o impacto das revoluções sobre o que poderíamos chamar de *intelligentsia* liberal de esquerda. Não temos de aceitar o tipo de teoria conspiratória ao modo de Paul Johnson, para reconhecer que, pelo menos na Grã-Bretanha, as pessoas interessadas em cultivar idéias e outras formas de alta atividade cultural inclinaram-se, em suas simpatias políticas, quando menos desde a década de 1960, para a esquerda do centro: disso resulta, por exemplo, a hostilidade com que o governo de Thatcher foi recebido por tais pessoas. Pode ser que o colapso dos regimes stalinistas tenha provocado uma mudança de horizonte nas opiniões desse grupo. Uma ocasião altamente sugestiva, nesse sentido, foi a Conferência Herbert Read, pronunciada *in absentia* por Salman Rushdie em 6 de fevereiro de 1990. As tribulações de Rushdie o haviam transformado, compreensivelmente, numa espécie de herói liberal. A conferência constituiu, mais uma vez compreensivelmente, um manifesto em favor da arte de vanguarda praticada com tanta competência por Rushdie em seus romances. Mas, ao passo que antes ele parecera endossar uma arte politicamente engajada, parecera ser um escritor de esquerda, passou nesse momento a defender a literatura como uma forma mais abstrata de ceticismo, de subversão constante das ortodoxias tradicionais e de linguagens dominantes. Em um trecho que deu o tom de seu discurso vinculou essa concepção de literatura às revoluções no Leste europeu:

> Parece provável (...) que estejamos nos encaminhando para um mundo em que não haverá alternativa real ao modelo social liberal-capitalista (...) Nessa situação, o capitalismo liberal, a democracia ou o mundo livre exigirão a atenção mais rigorosa dos romancistas, requererão, como nunca antes, a reimaginação, o questionamento e a dúvida. "Nosso adversário nos ajuda", disse Edmund Burke; e, se a democracia não tem mais o comunismo para ajudá-la a esclarecer, pelo contraste, suas próprias idéias, ela terá, talvez, de ter a literatura como adversária.[15]

Numerosas outras pessoas compartilharam dessa impressão, ou seja, de que as sublevações no Leste assinalaram o *fechamento* das alternativas. Um exemplo é fornecido pelo economista de Nova York, Robert Heilbroner, que por muito tempo ocupou uma posição intermediária entre o marxismo e o liberalismo. Na década de 1970, escrevera livros com títulos como *Business Civilization in Decline* e previra uma "mudança (...) no planejamento econômico, a única transformação institucional que pode, em minha opinião, dar um novo tempo de vida, ainda que limitado, ao sistema capitalista".[16] Porém em janeiro de 1989, antes mesmo dos grandes fatos ocorridos no Leste europeu, Heilbroner anunciou: "Menos de 75 anos depois de ter começado oficialmente, a luta entre capitalismo e socialismo acabou, o capitalismo venceu (...) A grande questão parece ser agora a rapidez com que ocorrerá a transformação do socialismo em capitalismo, e não o contrário.[17]

Esse tipo de julgamento encontrou eco entre pessoas com credenciais marxistas muito mais substanciais do que as de Heilbroner. O historiador Eric Hobsbawm tem sido o principal ornamento intelectual do Partido Comunista da Grã-Bretanha (PCB) e de sua revista, *Marxism Today*. A fé que depositava na URSS sobreviveu a testes como a repressão sangrenta da Revolução Húngara em 1956, que levou outros historiadores ilustres — como, por exemplo, Edward Thompson, Christopher Hill e John Saville — a deixar o Partido. Agora, a fé desabou. A União Soviética "evidentemente não era um Estado de operários, ninguém na União Soviética acreditava que fosse e os operários sabiam que não era" disse Hobsbawm. E prosseguiu:

> O que está acontecendo agora é a liqüidação final da era da catástrofe, que se espalhou por todo o mundo com o colapso do capitalismo liberal. Durante mais ou menos meio século, de 1917 até fim da Segunda Guerra Mundial, o mundo passou por um período de cataclisma, que produziu todos os tipos de estranhos resultados, entre os quais a Revolução Russa é provavelmente o mais duradouro. Em alguma ocasião, na década de 1950 (...), o sistema mundial pareceu voltar a estabilizar-se. Daí em diante, a situação tem sido inteiramente diferente.[18]

Outros comunistas estavam dispostos a ir mais longe do que repudiar a Revolução Russa como um "resultado estranho", ou (como Hobsbawm o classificou), um "desvio". Chris Myant, secretário internacional do PCB, declarou:

> Outubro de 1917, o evento mundial que separa os comunistas do resto da esquerda, constituiu um erro de proporções realmente históricas.
>
> Suas conseqüências têm sido graves. Caracterizaram e moldaram os grandes traumas do século XX: uma segunda guerra mundial, as câmaras de gás de Hitler, o gulag de Stalin, o mundo dos julgamentos judiciais para fins de propaganda, a perpetuação das ditaduras fascistas no Terceiro Mundo, o desperdício sem precedentes, quase inacreditável, da corrida armamentista em um mundo de pobreza e fome, a destruição ocasionada pela Guerra do Vietnã (...)[19]

Sem dúvida, um formidável libelo acusatório — embora possamos pensar que o Ocidente saiu-se muito bem de tudo isso, tendo sido aparentemente absolvido de toda e qualquer responsabilidade pela Guerra do Vietnã. Se a Revolução de Outubro constituiu tal desastre, parece haver pouca razão para a existência de partidos comunistas separados. O editor da *Marxism Today*, Martin Jacques, expôs essa conclusão no congresso do PCB, em novembro de 1989, quando disse: "O movimento comunista internacional está certamente chegando ao fim."[20] O que o minúsculo e declinante PC britânico fez teve pouca importância real, embora os pronunciamentos de Hobsbawm e Jacques tenham, de fato, permitido à mídia confirmar que até mesmo os supostos representantes oficiais do marxismo aceitavam-no como morto. Em outros lugares, forças muito mais poderosas estavam em movimento. Acima de tudo, o Partido Comunista italiano, o maior e o mais importante dos PCs ocidentais, decidiu, em março de 1990, sua transformação em um amplo partido social-democrata, mudando de nome.

Esse processo — a transformação de partidos comunistas em organizações social-democratas — foi, naturalmente, um processo de longa duração, tendo suas origens na época da Frente Popular, nos anos 30, e atingindo sua forma mais dogmática com o eurocomunismo, nos anos 70. Além do mais, o desencanto da *intelligentsia* de esquerda com o marxismo retroagia a um período anterior a essa década, ao aparecimento dos *nouveaux philosophes* em uma Paris desmoralizada pela frustração das esperanças criadas por 1968. O impacto das revoluções no Leste europeu consistiu, assim, em acelerar tendências já há muito presentes. Houve, no entanto, mudanças que parecem ter sido promovidas de modo independente. O Partido Comunista da África do Sul (PCAS) foi um dos poucos a experimentar, em fins da década de 1980, um crescimento em tamanho e influência especialmente no novo movimento dos operários negros organizado em grande parte pelo Congresso dos Sindicatos da África do Sul. O PCAS era também um Partido profundamente stalinista, tanto na ideologia como no tipo de organização. Em janeiro de 1990, o secretário-geral do PCAS, Joe Slovo, publicou um documento para discussão, intitulado *Has Socialism Failed?*, no qual se desfazia abruptamente de uma bagagem ideológica de 60 anos denunciando o desvio sistemático da URSS, até Gorbachev, em relação aos princípios de Marx e Lenin, colocando o Partido num rumo que parecia mais uma vez levá-lo na direção da social-democracia.

A rapidez dessas mudanças sugere que devem ser encaradas com certa desconfiança. Afinal de contas, as revelações que a *glasnost* permitiu sobre os crimes do regime de Stalin — a coletivização, os campos de concentração, o Terror — apenas confirmaram o que já era sabido pelos poucos que se deram ao trabalho de estudar a década de 1930 e já haviam sido confirmadas na era que se seguiu ao discurso secreto de Khrushchev em 1956, em trabalhos de origens ideológicas tão diferentes como o *The Great Terror*, de Robert Conquest, *Let History Judge*, de Roy Medvedev, e *The Gulag Archipelago*, de Aleksandr Solzhenitsyn. A falência *moral* do stalinismo já era evidente no mínimo há uma geração. O que mudara fora a erosão ou melhor, o colapso progressivo do stalinismo como sistema de *poder*. Muito tempo antes, George Orwell enfatizara o elemento de endeusamento do poder no caso amoroso da *intelligentsia* ocidental com a União Soviética. Essa atitude, ao que parecia, sobrevivera até a década de 1980 servindo somente para encorajar a rearrumação das lealdades políticas logo que se verificou para além de qualquer dúvida o fracasso prático dos regimes stalinistas em criar um centro de poder alternativo ao Ocidente.

Até mesmo numerosos socialistas ocidentais que não haviam colaborado com o stalinismo tiraram conclusões apocalípticas — e, em geral, sombrias — das revoluções no Leste europeu. A *New Left Review*, geralmente considerada como o principal órgão da teoria marxista, tendia a seguir a opinião de Isaac Deutscher, considerando os regimes stalinistas como expressão deturpada de impulsos revolucionários: nessa linha, enquanto apoiava movimentos antiburocráticos no bloco soviético, a *NLR* dava seu apoio crítico ao Leste contra o Oeste no que considerava como a "Grande Luta" entre o capitalismo e o comunismo. Não podia, por conseguinte, deixar de considerar as revoluções no Leste europeu como um revés histórico para a esquerda. Fred Halliday descreveu o fim da Guerra Fria como "nada menos do que a derrota do projeto comunista, da forma como fora conhecido no século XX, e o triunfo do capitalista". "O maior erro do pensamento marxista e socialista", argumentou ele, foi "a subestimação do capitalismo", que, pelo menos no Ocidente, "desfrutou de um período sem paralelo de crescimento na época do pós-guerra", e estendeu sua hegemonia através tanto de uma maior aceitação popular da democracia liberal quanto da expansão da cultura do consumismo de massa. A conseqüentemente necessária "reavaliação do marxismo clássico", concluiu Halliday, deveria incluir a volta ao Iluminismo do século XVIII como a melhor reação aos "desafios ressurgentes da época, o clericalismo, o nacionalismo e o irracionalismo".[21]

Esquerda e Direita pareciam, portanto, concordar sobre a moral das revoluções no Leste europeu: o capitalismo triunfara e o marxismo, se não inteiramente liqüidado, encontrava-se no que bem poderia tornar-se uma crise terminal. Aqueles que duvidavam das virtudes do capitalismo sem regulamentação podiam, na melhor das hipóteses, como o veterano dissidente polonês Adam Michnik, defender o "mercado com uma face humana".[22] Este, de qualquer modo, já se tornara o programa da social-democracia ocidental: em 1989, o Partido Trabalhista britânico, sob a direção de Neil Kinnock, alinhou-se com seus congêneres da Europa Continental e adotou o objetivo de tornar o mercado mais eficiente e humanitário do que seria se funcionasse sob a égide de pessoas como Thatcher e Bush. Em vez de oferecer uma alternativa à democracia liberal ocidental, os socialistas deveriam trabalhar dentro de seu contexto para corrigir as disfunções e injustiças do capitalismo sem controle. A idéia de socialismo como um *sistema* sócio-econômico alternativo, como um modo de produção, no linguajar marxista,era abandonada.

1.3 MARXISMO *CONTRA* STALINISMO

Essa linha de raciocínio é convincente apenas se estamos dispostos a igualar marxismo e stalinismo. Mas, aqui, é necessário ser mais preciso. Falarei muito mais, adiante, sobre marxismo. Por "stalinismo", entendo não o governo de uma única pessoa ou mesmo de um conjunto de crenças, mas todo o sistema de poder social que se cristalizou na URSS na década de 1930, foi exportado para a Europa Oriental na segunda metade da década de 1940, e sobreviveu até fins da década de 1980, quando começou a entrar em colapso; um sistema caracterizado pelo controle hierarquicamente organizado de todos os aspectos da vida social, política, econômica e cultural, por uma reduzida oligarquia instalada no ápice dos aparelhos do Partido e do Estado, a *nomenklatura*. A equação, portanto, implica a afirmação de que esse sistema de poder é a concretização prática do marxismo como tradição política. Essa equação tende a implicar outra: marxismo = leninismo = stalinismo. A apostólica (ou diabólica) sucessão assim estabelecida equivale a traçar uma linha direta de continuidade política entre as concepções teóricas e estratégicas do próprio Marx, o projeto político bolchevista que triunfou em outubro de 1917 e a forma final assumida pelo regime pós-revolucionário na década de 1930. Houve, claro, numerosas tentativas para contestar essas equações, para argumentar, por exemplo, que Lenin traiu as aspirações de Marx. Ainda assim, é notável a extensão em que adversários e adeptos da URSS concordam desde a década de 1930, em identificar uma continuidade que liga Marx a Lenin e ao stalinismo. Eles divergiram, principalmente, no tocante a se aprovavam ou não o resultado final. Mesmo depois de 1956, comunistas ortodoxos tenderam a tratar o Terror stalinista como "excessos" atribuíveis ao "culto de personalidade" e, por conseguinte, como algo que desfigurava mas não negava o que acreditavam ser a construção bem-sucedida do socialismo na URSS sob Stalin: e essa ampla interpretação histórica foi, na verdade, defendida por Gorbachev em data tão recente como a de seu discurso comemorativo do 70º aniversário da Revolução de Outubro, em novembro de 1987. Em grande parte, a crise ideológica analisada na seção anterior envolve comunistas antes leais como Hobsbawm, que preservaram a equação original ("marxismo = leninismo = stalinismo"), embora trocando o sinal, de positivo para negativo. Enquanto, outrora, Marx e Lenin eram louvados porque suas idéias foram triunfantemente materializadas no "socialismo realmente existente", agora são condenados por terem promovido um movimento que acabou de forma tão desastrosa.

Não se sustenta a suposta continuidade que serviria de base para tal louvação ou condenação. Uma ruptura qualitativa separa o stalinismo, por um lado, de Marx e Lenin, por outro. Essa descontinuidade profunda pode ser encontrada no registro histórico, no processo que transformou o Partido Bolchevista, mesmo na década de 1920, naquilo que Moshe Lewin chama de "uma aliança de facções" e não no monólito do mito liberal e stalinista, no aparato do poder, aterrorizado e aterrorizante, em que se transformou em fins da década de 1930.[23] E foi uma transformação que provocou resistência, notadamente do próprio Lenin, nos últimos meses de sua vida política ativa, em fins de 1922 e princípios de 1923.[24] Outros líderes do Partido contribuíram para a destruição das tradições de dissensão e debate intrapartidários ao se aliarem a Stalin durante as lutas entre as facções da década de 1920, até que recuaram, horrorizados, ante o monstro que haviam ajudado a criar: um processo vividamente ilustrado pelo famoso encontro de julho de 1928, quando Bukharin, o líder derrotado da facção direitista, disse a seu antigo adversário, Kamenev, que Stalin era "um Genghis Khan" que "cortará nossas gargantas".[25] Só um grupo combateu invariavelmente o stalinismo a partir de 1923, o grupo formado por Trotsky e pela oposição de esquerda. E, por isso, pagaram um preço terrível: Trotsky foi assassinado no exílio por um agente russo, e seus correligionários morreram em grande parte no Gulag, onde formaram um dos poucos grupos que organizaram ativamente a resistência ao regime que prevalecia no campo de concentração.[26] Ainda assim, a existência da tradição trotskista, embora na maior parte extirpada na URSS e confinada à periferia do movimento trabalhista no Ocidente, é de capital importância, uma vez que indica que o compromisso com o socialismo revolucionário não é equivalente ao endosso do stalinismo.

Mais do que isso, essa continuidade anti-stalinista da tradição marxista clássica proporciona a base para uma resposta socialista às revoluções no Leste europeu. Muito longe de ser refutado pelo colapso dos regimes stalinistas, o marxismo — entendido nesses termos — constitui um meio indispensável para compreender o que ocorreu. O marxismo é relevante aqui em três dimensões diferentes. Em primeiro lugar, Marx construiu o que foi basicamente uma teoria de transformação social. O materialismo histórico explica a ascensão e queda das formações sociais em termos do conflito subjacente que se desenvolve entre as forças e relações de produção, bem como da luta de classes que tem origem em relações sociais de exploração intensificadas por esse conflito. Marx, naturalmente, concentrou-se na análise de um único sistema sócio-econômico específico, o modo de produção capitalista, análise esta aprofundada e ampliada por marxistas clássicos posteriores. Um dos aspectos mais importantes do ressurgimento intelectual do marxismo, desde fins da década de 1960 tem sido o grande refinamento conceitual e aprimoramento empírico do materialismo histórico como uma teoria *geral* do desenvolvimento e da transformação de todas as sociedades, não só capitalistas como também pré-capitalistas.[27]

Até mesmo adversários do marxismo foram obrigados a reconhecer, ainda que de má vontade, a sua contínua importância, como o fez Ernest Gellner ao escrever:

> Acreditem ou não as pessoas no esquema marxista, a verdade é que não surgiu nenhum sistema rival coerente, bem articulado, no Leste ou no Oeste; uma vez que as pessoas precisam pensar apoiando-se em algum tipo de suporte, até mesmo (ou, talvez, especialmente) aqueles que não aceitam a teoria marxista da história tendem a se apoiar em suas idéias quando desejam expressar aquilo em que acreditam positivamente.[28]

Realmente, uma das principais tendências da teoria social do mundo de fala inglesa, na década de 1980, foi exatamente esse tributo implícito, isto é, a formulação de várias ambiciosas "sociologias históricas" que tentaram oferecer, tal como o marxismo, uma descrição geral da mudança histórica, mas que tenderam a dar a movimentos ideológicos e a conflitos políticos e militares a mesma importância explicativa que às contradições entre as forças e relações de produção.[29] O materialismo histórico demonstrou, assim, sua vitalidade intelectual, sua capacidade de formular a agenda teórica. Uma teoria que se distingue exatamente por ter seu foco posto em transformações que marcam épocas deve estar bem equipada para interpretar o colapso progressivo dos regimes stalinistas.

Mas o marxismo é, naturalmente, muito mais do que uma teoria social poderosa, historicamente orientada. Desde o tempo de Marx, ele definiu um projeto político da emancipação humana. Temos aqui a segunda dimensão em que o marxismo é relevante para as revoluções no Leste europeu. Marx desenvolveu uma concepção altamente particular de socialismo, como a auto-emancipação da classe operária. "A emancipação da classe operária tem de ser realizada pela própria classe operária."[30] Estas palavras implicam, no primeiro momento, uma afirmação específica sobre autoria da transformação socialista: a classe explorada na sociedade capitalista, coletivizada pelas próprias condições de produção que experimenta, tem o interesse e a capacidade de desenvolver, e o fará, a organização e a consciência necessárias para implantar uma sociedade sem classes. Simultaneamente, contudo, a concepção de socialismo de Marx implica uma visão particular do *processo de transformação* em si. O socialismo não é algo que possa ser realizado independentemente da classe operária por algum grupo que atue em seu nome, seja uma "vanguarda" stalinista ou parlamentares social-democratas. "O movimento proletário", diz Marx, "é o movimento independente autoconsciente da imensa maioria, no interesse da imensa maioria."[31] A sua concepção, nas palavras de Hal Draper, é a de "um socialismo a partir de baixo", com origem na atividade independente das próprias massas.[32] Essa visão da revolução socialista dá forma à análise que Marx faz da Comuna de Paris de 1871, que se concentrou no desmantelamento da máquina estatal burocrática pelos trabalhadores de Paris e em sua substituição por órgãos do autogoverno popular. É desenvolvida por Lenin em *O Estado e a revolução*, que tem como um de seus principais temas o surgimento, durante as Revoluções Russas de 1905 e 1917, dos sovietes, ou conselhos de delegados de fábricas, que, segundo argumentou, constituíam a base do "Estado-Comuna" que serviria como contexto político da transição para uma sociedade comunista sem classes ou Estado.

É essa concepção de socialismo que adotamos neste livro. A discrepância entre ela e o "comunismo realmente existente" que prevalecia na URSS e no Bloco Oriental é mais do que evidente. Por essa medida, não foi o socialismo que entrou nos estertores da morte em fins da década de 1980. Essa identificação do socialismo com a concepção marxista clássica de auto-emancipação da classe operária talvez pareça uma manobra defensiva, uma tentativa de dissociar a tradição socialista revolucionária da catástrofe no Leste. Essa acusação, contudo, erra o alvo. Em primeiro lugar, é simplesmente uma questão de fato que há uma diferença demonstrável entre a concepção de socialismo de Marx — e de Lenin — e a teoria e prática dos regimes stalinistas. E constitui uma resposta inteiramente correta aos argumentos contrários da direita insistir nessa diferença. Em segundo, conforme indica minha referência a Lenin, foi essa concepção de socialismo que deu forma às estratégias e intervenções daqueles que efetivamente lideraram a Revolução de Outubro. É inteiramente legítimo elaborar uma interpretação histórica do resultado dessa Revolução em termos da compreensão que dela tiveram seus autores. O resultado de uma tal avaliação não tem que ser favorável ao marxismo clássico: talvez se descubra que é verdade que, como argumentaram muitos de seus críticos mais inteligentes, a própria tentativa de levar a cabo uma revolução radicalmente democrática, orientada para a formação de uma sociedade sem classes e sem Estado, propondo-se objetivos utopistas, contribuiu para gerar o despotismo stalinista que inverteu a revolução original.

Transformar as opiniões de Marx e Lenin em pontos de referência do socialismo, por conseguinte, não decide previamente a questão em favor de ambos.

Há, além disso, um terceiro aspecto em que a tradição marxista clássica é relevante para a compreensão das revoluções no Leste europeu. Isso porque essa tradição deu origem à primeira tentativa sistemática de se fazer uma análise social e histórica do stalinismo. Em *A revolução traída* (1937), Trotsky realizou essa análise pioneira, ao localizar as origens do fenômeno stalinista nas condições de escassez material que prevaleceram na Guerra Civil de 1918-21, durante a qual começou a desenvolver-se a burocracia dos funcionários do partido. Concluiu ele que a URSS era "um Estado operário degenerado" no qual a burocracia conseguira expropriar politicamente o proletariado, mas deixara intactas as fundações sociais e econômicas do poder dos trabalhadores. As contradições dessa análise, segundo a qual os trabalhadores eram ainda a classe governante de um Estado que lhes negava todo poder político, não impediram que os seguidores mais dogmáticos de Trotsky a estendessem à China e à Europa Oriental, mesmo que o resultado fosse o de romper quaisquer ligações entre o socialismo e a auto-emancipação da classe operária: o socialismo, ao que parecia, podia ser imposto pelo Exército Vermelho ou por guerrilhas camponesas.[33] O trotskista palestino Tony Cliff, contudo, recusou-se a aceitar essa linha de raciocínio. A insistência de Trotsky em tratar a URSS como um Estado operário, a despeito da dominação da burocracia stalinista, refletia — segundo Cliff — a fusão ilícita da forma legal de propriedade estatal dos meios de produção com as relações de produção propriamente ditas, nas quais a classe operária era excluída de qualquer controle efetivo das forças produtivas. A URSS, e suas réplicas na China e no Leste da Europa, eram — argumentou ele — sociedades capitalistas-estatais burocráticas, nas quais a burocracia desempenhava coletivamente o papel representado no capitalismo privado pela burguesia, o de extrair mais-valia e dirigir o processo de acumulação.

Essa análise, inicialmente realizada por Cliff em 1947, no que se tornou a base de seu livro *State Capitalism in Russia*, proporciona, em minha opinião, o melhor arcabouço para compreender a natureza e a evolução dos regimes stalinistas. Em especial, a teoria de Cliff permitiu-lhe prever que esses regimes seriam derrubados pela classe operária, em cujo nome governavam. "A luta de classe na Rússia stalinista" — escreveu ele, em 1947 — "terá que expressar-se *inevitavelmente* em gigantescas explosões espontâneas de milhões", o que constituiria "o primeiro capítulo na vitoriosa revolução do operariado".[34] Em fins da década de 1960, Chris Harman deu a essa perspectiva uma forma mais concreta, quando analisou o dilema criado para os regimes stalinistas pelas pressões em favor da reforma, representadas pela Primavera de Praga:

> Se reformas, em cooperação com o capital estrangeiro ou não, não forem realizadas (...), a crise crônica das economias da Rússia e dos países do Leste europeu só poderá se agravar (...) Ainda assim, torna-se cada vez mais claro que a burocracia é incapaz de efetuar reformas que tenham algum grau de sucesso, sem que haja uma explosão das proporções que caracterizaram a Hungria em 1956 e a Tchecoslováquia em princípios de 1968. Essa explosão não poderia deixar de ser o prelúdio de uma imensa crise na URSS e na Europa Oriental, na qual as classes extraburocráticas se mobilizariam para defender suas próprias exigências.[35]

Vinte anos depois, essa "crise imensa" finalmente explodiu. As agitações no Leste europeu e a agitação na própria URSS são, assim, mais a confirmação do que a refutação da tradição marxista clássica, tal como ela foi continuada por aqueles que procuraram realizar uma análise histórica materialista do stalinismo. Essa afirmação só pode ser provada satisfatoriamente através do estudo da Revolução de Outubro e de seu destino, o que faremos em seguida.

2
O *Ancien Régime* e a Revolução

"Iniciar a reforma é iniciar a revolução."
Arthur Wellesley,
Primeiro Duque de Wellington

2.1 REVOLUÇÃO E CONTRA-REVOLUÇÃO

Uma explicação aceitável da Revolução Russa de Outubro de 1917 precisa articular satisfatoriamente suas causas, natureza e conseqüências. A versão padronizada corrente, aceita tanto pela direita quanto pela esquerda, tende a englobar todos os três níveis. Diz ela mais ou menos o seguinte. A Revolução de Outubro foi uma aberração (lembrem-se das palavras de Hobsbawm sobre o "resultado estranho"): uma constelação aleatória de circunstâncias, que refletiam mais os acasos da guerra do que as tendências a longo prazo do desenvolvimento russo, permitiu que os bolchevistas tomassem o poder. Não obstante, os métodos usados por Lenin e seus seguidores para inicialmente tomar e, em seguida, manter o controle do Estado gerou o sistema stalinista, no qual o poder ficou centralizado nas mãos da *nomenklatura*, situada no cume do aparelho do Partido-Estado. Embora numerosos bolchevistas possam ter ficado horrorizados com o resultado final de seus próprios atos, a "revolução stalinista" do final da década de 20 e dos anos 30 constituiu, simultaneamente, a consumação e a consolidação do regime criado pelo golpe dado por Lenin. Entre os historiadores, notam-se variações em ênfase. Alguns procuram comprovar as tendências autoritárias vigentes na sociedade pré-revolucionária, que poderiam ser atribuídas, talvez, a uma época tão remota como o contexto semi-asiático em que emergiu a monarquia moscovita medieval e que teria preparado o caminho para o despotismo bolchevista.[1] Outros, menos desejosos de ver na Revolução uma espécie de retrocesso maligno, ainda assim consideram as "revoluções de fevereiro e outubro de 1917, a guerra civil, o interlúdio da NEP (Nova Política Econômica), e a revolução dos planos qüinqüenais de Stalin como fases sucessivas em um único processo".[2] A maioria das versões tende, no mínimo, a enfatizar a continuidade, tipicamente suposta, entre a Revolução Bolchevista e o sistema stalinista que ela finalmente gerou.

Ora, em primeiro lugar, é simplesmente errado considerar a Revolução de 1917 como um acidente. Essa interpretação deixa de lado o fato de que todo o sistema estatal europeu foi lançado em uma crise geral perto do fim da Primeira Guerra Mundial. De certa maneira, o episódio mais notável dessa crise não foi a Revolução Russa em si, mas a série de sublevações que sacudiu a mais avançada potência européia, a Alemanha, durante quase cinco anos, desde a Revolução de Novembro de 1918, que derrubou o Kaiser, até a tentativa fracassada do Partido Comunista de tomar o poder em outubro de 1923, no rastro da grande inflação daquele ano.[3] As potências vitoriosas tampouco escaparam: 1919 foi, como é possível demonstrar, o ano mais perigoso enfrentado pelo Estado britânico desde os dias dos cartistas, enquanto a Itália experimentava o *biennio rosso* que culminou nas ocupações de fábricas de setembro de 1920.[4] Durante a Primeira Guerra Mundial, Bukharin formulou a versão mais completa da teoria marxista de imperialismo, explicando as rivalidades militares das grandes potências em termos da concentração e centralização do capital, que teve sua mais alta manifestação na tendência para o capitalismo de Estado: a concorrência entre firmas estava sendo nesse momento suplantada pelo conflito armado entre "trustes estatais capitalistas".[5]

Nessa perspectiva, a Rússia de Nicolau II era, na famosa frase de Lenin, "o elo mais fraco na cadeia imperialista", a vítima em estado mais grave de uma doença sofrida por todas as grandes potências. Coube a Trotsky, no rescaldo da Revolução de 1905, analisar as tensões sociais que tornavam o regime czarista especialmente vulnerável. A Rússia era exemplo do que ele chamaria mais tarde de "desenvolvimento desigual e combinado". Impelido por suas rivalidades militares com os Estados mais avançados da Europa Central e Oriental a promover, em aliança com o capital estrangeiro, a rápida industrialização da Rússia, a autocracia Romanov viu-se frente a frente, na virada do século, com uma sociedade na qual os conflitos tradicionais entre senhor e camponês, *intelligentsia* e Estado, foram intensificados pelas contradições entre capital e trabalho. A "vantagem do atraso" permitiu à Rússia importar a mais avançada tecnologia disponível, o que levou ao surgimento precipitado de uma classe operária trabalhando em algumas das maiores e mais modernas fábricas do mundo, a qual, contudo, em razão da falta até mesmo dos direitos mais elementares de organização a fim de melhorar as condições materiais miseráveis, não apresentava as inibições reformistas que já estavam surgindo no movimento operário ocidental. Essa combinação instável do avançado e do atrasado — previu Trotsky com base no "ensaio geral" de 1905 — permitiria que esse proletariado industrial exercesse uma influência desproporcional ao seu número (3,3 milhões em uma população economicamente ativa de 30,6 milhões em 1897), liderando a massa de pequenos proprietários camponeses em uma revolução não só contra o czarismo, mas também contra o próprio capitalismo.[6]

Portanto, as duas revoluções de 1917 podiam ser vistas, à luz do prognóstico de Trotsky, como resultado de uma crise de modernização autoritária, precipitada pelo impacto desestabilizador sobre uma ordem social predominantemente feudal e rural da industrialização capitalista e intensificada pela Primeira Guerra Mundial, esta produto de rivalidades interestatais que haviam estimulado a transformação da sociedade russa, imposta pelo Estado. A análise, porém, não explica por que os bolcheviques foram os principais beneficiários da crise. O bolchevismo constituiu o resultado da confluência de três correntes distintas: a tradição revolucionária russa, forjada no século XIX por uma *intelligentsia* radicalizada pelo contraste entre as aspirações formadas com a ajuda da teoria política e social do Ocidente, por um lado, e, por outro, a burocracia czarista, à qual a maioria de seus membros devia a existência; o marxismo clássico, a última de uma série de teorias importadas do Ocidente e adaptada para ajustar-se às condições russas por uma *intelligentsia* ansiosa por compreender sua situação e transformá-la; e o movimento dos operários, estimulado pelos sofrimentos produzidos pela industrialização e que, em 1905, batizado com o nome de "soviete" viria a ser a forma organizacional característica da insurreição da classe operária.

Freqüentemente, afirma-se que o primeiro desses três fatores determinou decisivamente os outros dois: as técnicas conspiratórias da terrorista Narodnaya Volya receberam forma canônica em *O que fazer?*, de Lenin, fornecendo os alicerces para o golpe bolchevista em outubro de 1917. Essa afirmação não se adequa à história real do Partido Bolchevique: as estruturas hierárquicas rigorosas preconizadas por Lenin em 1902 foram abandonadas durante a Revolução de 1905. Nesse momento, e mais uma vez durante a grande onda de militância proletária em 1912-14, os bolcheviques se tornaram um partido de massa da classe operária, sensível a todas as correntes de opinião que circulavam nas fábricas.[7] O mesmo modelo se repetiu em 1917. N.N. Sukhanov, um dos primeiros e melhores historiadores da Revolução, era um menchevique-internacionalista que se opôs violentamente à estratégia bolchevique de derrubar o Governo Provisório estabelecido em fevereiro de 1917 e de substituí-lo por um regime soviético. Mesmo assim, refutou sumariamente a teoria, ainda amplamente aceita, de que a insurreição de 25 de outubro, que guindou os bolcheviques ao poder, fora "uma conspiração militar":

> Simpatizava o proletariado de Petersburgo com os organizadores da insurreição de outubro? (...) Neste aspecto, não pode haver duas respostas. Sim, os bolcheviques agiram com o pleno apoio dos operários e soldados de Petersburgo. E levaram a cabo uma insurreição, nela lançando todas as forças (muito poucas!) necessárias para sua consumação bem-sucedida.[8]

Pesquisa histórica recente proporciona forte apoio à avaliação de Sukhanov. Os estudos de Alexander Rabinowitch sobre o Partido Bolchevique em Petrogrado (São Petersburgo) em 1917, por exemplo, revelam uma organização muito diferente do monólito hierarquicamente controlado supostamente exigido pela doutrina leninista. Muito ao contrário, "nas condições caóticas, que variavam segundo o local e estavam em mutação constante, que prevaleciam na Rússia em 1917, o Comitê Central, no alto da hierarquia organizacional bolchevique, simplesmente não podia controlar o comportamento das grandes organizações regionais. Exceto de uma maneira muito geral, jamais tentou fazer isso". Argumenta Rabinowitch que "a relativa flexibilidade do partido, bem como sua sensibilidade para o estado de espírito predominante da massa, teve pelo menos tanto a ver com a vitória bolchevique final quanto a disciplina revolucionária, a unidade organizacional, ou a obediência a Lenin".[9] A vitalidade do debate interno estendia-se a todos os níveis do Partido: os membros do Comitê Central, com freqüência, divergiam abertamente, e Lenin, não raro, ficava em minoria em questões cruciais, como, por exemplo, a estratégia partidária de oposição ao governo provisório, a própria decisão de organizar a insurreição de outubro e, depois da tomada do poder, o Tratado de Brest-Litovsk, de fevereiro de 1918.[10] Marc Ferro, cuja história social da Revolução é em geral hostil aos bolcheviques, ainda assim reconhece que "uma contestação das instituições e uma radicalização de opiniões e comportamento" entre operários, soldados, camponeses e etnias minoritárias permitiram aos bolcheviques dar "direção a um movimento que era simultaneamente incoerente e convergente: a vontade de derrubar o regime".[11] Decisiva nesse processo foi a classe operária industrial, de cujas fileiras saiu o grosso da militância do Partido Bolchevique (que decuplicou, chegando a 240 mil membros, entre fevereiro e agosto de 1917) e cuja extensa auto-organização em comitês de fábrica, sindicatos e sovietes proporcionou a base da insurreição de outubro: na verdade a exigência de ação nas fábricas deixou muitas vezes para trás os próprios líderes bolcheviques, como nas Jornadas de Julho, em Petrogrado.

Há assim, aparentemente, uma profunda *descontinuidade* entre a Revolução de Outubro e o regime stalinista que dela se valeu mais tarde para se legitimar. De que maneira uma revolução cuja força impulsionadora foi proporcionada por pressões populares especialmente proletárias, partidas de baixo, pôde se desencaminhar tanto? A explicação padrão encontra a resposta na ideologia e nas práticas organizativas dos bolcheviques. Mas de que modo isso se coaduna com a realidade do Partido Bolchevique à época da revolução, partido que era, nas palavras de Moshe Lewin, "um autêntico partido das massas urbanas, um partido democrático legal constituído por indivíduos originários dos mais diferentes estratos sociais e com horizontes ideológicos heterogêneos"?[12] Mesmo admitindo-se que algumas políticas e práticas bolcheviques facilitaram o caminho para o regime stalinista, as palavras seguintes de Victor Serge, um defensor crítico e libertário dos bolcheviques, no início, e mais tarde, da oposição de esquerda, conservam sua pertinência:

> Afirma-se muitas vezes que "o germe do stalinismo se encontrava no início do bolchevismo". Bem, não tenho objeção a isso. Apenas, o bolchevismo continha também muitos outros germes —, uma massa de outros germes — e os que viveram durante o entusiasmo dos primeiros anos da primeira revolução vitoriosa não devem esquecer esse fato. Será que é sensato julgar o homem vivo pelos germes letais que a autópsia revela num cadáver, e que ele pode ter conduzido consigo desde o seu nascimento?[13]

A metáfora de Serge sugere que devemos voltar a atenção principalmente para as circunstâncias históricas que promoveram a transformação da democracia soviética em um regime autoritário. Falta de alimentos, demissões em massa e fechamento de fábricas contribuíram para promover a radicalização em 1917; os operários, em particular, reagiram ao que consideravam uma estratégia deliberada de sabotagem econômica, resumida no tristemente célebre apelo do industrial liberal Ryabushinsky aos capitalistas para que "utilizem o braço ossudo da fome e da miséria nacional para pegar pela garganta esses falsos amigos do povo, os comitês e os sovietes".[14] A irrupção da guerra civil no verão de 1918 e a imposição do bloqueio pelos aliados ocidentais transformaram em catástrofe uma situação já desesperada. Privada de inanição de insumos, a indústria se contraiu drasticamente. A classe operária urbana encolheu-se à medida que fábricas fechavam e trabalhadores deixavam as cidades em busca de alimento. O número de operários industriais caiu de 3.024.000 em 1917 para 1.243.000 em 1921-22. A mudança assumiu as proporções mais dramáticas em Petrogrado, a capital da Revolução: em abril de 1918, havia apenas 71.575 operários de fábrica empregados, em comparação com 400.000 no mês de outubro anterior.[15] A transformação da classe trabalhadora foi tanto qualitativa quanto quantitativa: conforme observa David Mandel, "as fábricas perderam o grosso de seus elementos mais ativos e radicais, os jovens operários e os bolcheviques, que haviam emergido como líderes naturais no curso da revolução", muitos dos quais foram servir ao novo Estado como soldados do Exército Vermelho ou funcionários públicos.[16]

O Partido Bolchevique, portanto, passou a governar em nome de um proletariado que era, na melhor das hipóteses, uma sombra da classe que fizera a Revolução de Outubro. Simultaneamente, lutando pela própria sobrevivência na guerra civil de 1918-21, o novo regime recorreu cada vez mais à coerção como maneira principal de governar a sociedade. Os partidos socialistas moderados que haviam apoiado o Governo Provisório, o Menchevique e o Social-Revolucionário, foram proibidos, uma vez que fizeram causa comum com os Brancos na Guerra Civil. Os bolcheviques reagiram ao emprego do terror pelos adversários com seu próprio terror, organizado pelo que se tornou uma nova polícia secreta, a Cheka. Cereais eram tomados à força dos camponeses por destacamentos armados de confisco de alimentos, procedentes das cidades. A indústria, ao contrário das intenções originais de Lenin, foi nacionalizada a fim de evitar o colapso completo. Os bolcheviques transformaram a necessidade em virtude sob o que veio a ser conhecido como "comunismo de guerra", identificando os controles estatais e o racionamento, ditados pela pavorosa situação econômica, com as medidas necessárias para preparar o caminho para o objetivo final a que visavam, o de uma sociedade ou Estado sem classes. No fim, o próprio Partido transformou-se em um aparelho burocraticamente organizado, no qual o poder fluía de cima para baixo, do topo para a base, através de uma rede de secretários que eram então nomeados e não eleitos, e que controlavam cada vez mais a composição dos comitês locais e das delegações ao congresso.[17]

Marx argumentara, em *A ideologia alemã*, que "o comunismo só é possível como ação de indivíduos sociais atuando conjunta e simultaneamente, o que pressupõe o desenvolvimento geral das forças produtivas", uma vez que, "sem esse desenvolvimento, a privação, a *carência*,torna-se geral, e, com a *carência*, a luta pelas necessidades recomeçaria e todos os velhos e sórdidos negócios seriam restaurados".[18] Os bolcheviques, na verdade, nunca imaginaram que poderiam implantar o socialismo na Rússia, a mais atrasada das grandes potências, com sua população predominantemente camponesa. A estratégia que adotaram ao tomar o poder baseava-se na expectativa de que a Revolução de Outubro era meramente o primeiro estágio em um processo revolucionário global. Por isso mesmo, em janeiro de 1918, Lenin declarou que "a vitória final do socialismo em um único país é, naturalmente, impossível", e que, "sem a revolução alemã, estamos condenados".[19] Sua previsão de uma revolução internacional estava longe de ser absurda: Outubro de 1917 foi, conforme vimos acima, simplesmente o ponto alto de uma sublevação mais geral, ao fim da Primeira Guerra Mundial. A Revolução Alemã de 1918-23, a despeito de seu fracasso final, quase teve êxito. A Internacional Comunista, fundada pelos bolcheviques em março de 1919, com o objetivo de espalhar a revolução pelos países capitalistas mais avançados conseguiu atrair rapidamente para suas fileiras uma minoria substancial do movimento operário ocidental.[20]

Restou o fato de que o regime bolchevique, a despeito de todos seus esforços e das convulsões sociais e políticas que ocorreram na Europa do pós-guerra, não conseguiu sair do isolamento em que se encontrava.

Emergiu vitorioso da Guerra Civil, mas presidindo uma economia em frangalhos e uma maioria camponesa cada vez mais hostil. O fato de ter sido o Partido Bolchevique, em 1917, o único a apoiar o confisco, pelos camponeses, das grandes propriedades da aristocracia, permitiu-lhe, nas palavras de Lenin, "neutralizá-los", conseguindo pelo menos a sua aquiescência na Revolução de Outubro.[21] Os temores dos camponeses de que os Brancos trouxessem de volta os donos de terra, constituíram fator decisivo na vitória dos bolchevistas na Guerra Civil. Essa solução agrária revolucionária, no entanto, aumentou em muito o peso social e econômico dos pequenos proprietários camponeses: o número de propriedades familiares subiu de 17-18 milhões, antes de 1917, para 23 milhões em 1923. Entre as três categorias sociais rurais, classificadas de maneira muito arbitrária pelos analistas marxistas, o camponês da camada intermediária, que dependia do trabalho da família em sua propriedade, cresceu em importância quando comparado com o *kulak* quase capitalista e o camponês pobre semiproletário.[22] As políticas bolcheviques, em particular a tentativa de reprimir o comércio de cereais e alimentar as cidades com o confisco da produção dos camponeses, contribuiu para alienar a população rural, já predisposta a olhar com desconfiança um regime cujo compromisso com a propriedade coletiva parecia ameaçar-lhes as pequenas propriedades.[23]

Em janeiro de 1921, Lenin reconheceu as tribulações dos bolcheviques: "O que realmente temos é um Estado operário com a peculiaridade seguinte: primeiro, que não é a classe proletária, mas a população camponesa que predomina no país; e, segundo, é um Estado operário com distorções burocráticas."[24] Era também um Estado que aparentemente corria o perigo iminente de ser engolfado por agitações de massa: greves em Petrogrado, um violento levante camponês na província de Tambov e o motim da guarnição da principal base naval, a de Kronstadt. Enquanto esta última revolta estava sendo reprimida em março de 1921, o Décimo Congresso do Partido adotou a Nova Política Econômica (NEP), formulada para apaziguar os camponeses com concessões materiais. Principalmente, foi abandonada a política de confisco, relaxados os controles estatais e restabelecidos os mecanismos de mercado. Apresentada por Lenin como um recuo temporário "em vista do atraso na revolução mundial", a NEP permitiu uma recuperação econômica inesperadamente rápida, até os níveis de produção de antes da guerra.[25]

As perspectivas a longo prazo do regime bolchevista permaneciam em aberto,contudo, constituindo a questão central nos violentos debates da liderança do Partido depois que a doença privou Lenin de qualquer papel político ativo, quase dois anos antes de sua morte, em janeiro de 1924. Essas lutas colocaram Trotsky e a oposição de esquerda contra Stalin, o qual se aliou inicialmente com Zinoviev e Kamenev e, em seguida, com Bukharin. Coube a Bukharin, realmente, formular a doutrina do "socialismo num só país", embora a asserção de autoconfiança nacional que essa doutrina implicava se ajustasse mais à opinião de obstinados funcionários do Partido, liderados por Stalin em sua qualidade de secretário-geral, e que se haviam tornado impacientes com a vã esperança em uma revolução mundial. A contribuição mais notável de Bukharin como líder da direita do Partido consistiu em argumentar que a NEP devia transformar-se no principal arcabouço da construção do socialismo, mesmo que isso significasse industrialização "a passos de tartaruga" e o estímulo ao desenvolvimento da agricultura privada. "Enriqueçam", disse ele aos camponeses, em abril de 1925. Trotsky e seus adeptos atacaram essa política, alegando que ela ameaçava a própria existência do poder dos sovietes ao estimular a acumulação pelos *kulaks* e pelos "homens da NEP", negociantes que lucraram com a expansão do mercado privado após 1921. A oposição de esquerda defendia o crescimento mais rápido da indústria pesada controlada pelo Estado, principalmente porque esse crescimento aumentaria o peso social e econômico da classe proletária urbana e, dessa maneira, permitiria o restabelecimento da democracia no Partido e nos sovietes, o que constituía uma de suas principais reivindicações. A industrialização poderia ser financiada em parte por uma maior participação russa no mercado mundial, o que tornaria possíveis empréstimos externos e aumento das receitas de exportação, bem como pelo que o brilhante economista Preobazhensky denominou de "acumulação socialista primitiva", ou seja, a transferência de recursos do setor privado para o público através da tributação e do intercâmbio desigual entre agricultura e indústria. Ao mesmo tempo, porém, Trotsky e seus correligionários argumentavam que as contradições da economia soviética não podiam ser superadas em um contexto nacional. Em conseqüência, atacaram violentamente a doutrina do "socialismo num só país" e o que consideravam seus efeitos desastrosos, ao ocasionar uma série de derrotas do Comintern, sobretudo na China durante a Revolução de 1925-27.[26]

É evidente que não foi nem a esquerda nem a direita que venceram as lutas partidárias da década de 1920, mas sim o "centro", agrupado em torno de Stalin. Essa fração, representava com maior fidelidade os interesses do *apparat* dos funcionários do Partido. Stalin explorou o que Robert Daniels chamou de "o fluxo circular de poder" entre o secretário-geral e as pessoas que ele nomeara na máquina; isso lhe permitiu controlar os congressos do Partido e, dessa maneira, determinar a composição da própria liderança.[27] O caráter cada vez mais monolítico do Partido recebeu sanção simbólica com a proscrição formal de frações no Décimo Congresso, em 1921, e com o culto póstumo de Lenin. Trotsky foi o primeiro líder bolchevique a analisar a burocracia partidária como fenômeno social, embora tendesse, erroneamente, a considerar as forças do pequeno capitalismo — os *kulaks* e os "homens da NEP" — como principais ameaças ao regime, deixando de reconhecer que a burocracia estava trabalhando, sob a liderança de Stalin, para estabelecer sua própria dominação política, legitimada pelo "leninismo", transformado nesse momento em sistema ideológico, e pela doutrina do "socialismo num só país", através da qual esse grupo fazia valer seus interesses específicos.

O triunfo político da facção de Stalin, definitivamente consolidado com a derrota de Bukharin e da direita em 1928-29, foi, no entanto, apenas a etapa preliminar para uma transformação ainda maior da sociedade russa, ou seja; a coletivização e a industrialização forçadas da URSS. Essas mudanças dramáticas, implementadas durante o período do Primeiro Plano Qüinqüenal (1928-32), são às vezes descritas como mais um passo da revolução, como a "Revolução de Stalin".[28] Na verdade, conforme argumenta Cliff, elas assinalaram o ponto em que a burocracia transformou-se em classe dominante, explorando coletivamente um proletariado imensamente ampliado e submetido sistematicamente a pressões para acumular capital. A "revolução de Stalin", portanto, foi uma *contra*-revolução, na qual os restos do "Estado operário com distorções burocráticas", sobreviventes de Outubro de 1917, foram destruídos e substituídos pelo capitalismo burocrático do Estado.[29]

Essa contra-revolução será melhor compreendida sob quatro aspectos inter-relacionados. A política traçada por Stalin e seus partidários entre 1927 e 1929, a da coletivização forçada da agricultura, constituiu o ponto de partida de todo o processo. Uma violenta queda na produção de cereais em outubro de 1927 lançou a NEP nos estertores da agonia: toda a economia foi logo depois afetada, uma vez que a conseqüente redução da exportação de cereais obrigava a um corte na importação de matérias-primas e maquinaria, necessárias à indústria. O governo culpou a "greve dos cereais", que afirmou ter sido organizada pelos *kulaks*, como responsável pela crise, embora, na verdade, o principal culpado pareça ter sido a política do governo, que reduziu os incentivos aos camponeses para que vendessem os cereais. De qualquer modo, a queda nas vendas provocou uma crise mais geral. Em maio de 1927, a Grã-Bretanha rompeu relações com a URSS, provocando o medo de uma guerra em Moscou. Além disso, a Oposição Unida, liderada por Trotsky, Zinoviev e Kamenev, conseguiu capitalizar o descontentamento crescente da classe operária, ocasionado pelo desemprego, que se tornara endêmico ao fim do período da NEP. Esta última ameaça foi eliminada pelo uso da repressão em grande escala. Stalin recorreu ao mesmo remédio para solucionar a crise de abastecimento, supervisionando pessoalmente, em princípios de 1928, o confisco de cereais de camponeses na Sibéria. A adoção do que veio a ser conhecido como método "ural-siberiano" assinalou o rompimento de Stalin com Bukharin e a direita, que admitiram a derrota em janeiro de

1929, tendo sucumbido aos mesmos métodos que haviam ajudado a usar contra Trotsky e seus aliados.[30]

A facção triunfante de Stalin começou nesse momento a buscar uma maneira de transformar o que fora um expediente de emergência em política geral, a de forçar os camponeses a ingressar em fazendas coletivas: no verão de 1929, o Partido entrou em ação para implementar a "coletivização em massa", seguida pela decisão, em dezembro, de levar adiante a "liquidação dos *kulaks* como classe". Iniciava-se assim um dos crimes mais pavorosos deste século. Tornou-se claro que "*kulak*" era uma categoria extremamente flexível, ampliada para incluir todos os camponeses que resistissem à coletivização, os quais, em conseqüência, eram classificados como *podkulachnik*, "serviçal de *kulak*". Talvez um milhão de famílias camponesas tenha sido deportado para os campos de trabalhos forçados do Arquipélago Gulag. Os camponeses reagiram de várias maneiras, preferindo matar o gado a entregá-lo ao Estado e organizando, por exemplo, levantes no norte do Cáucaso e na Ucrânia. A repressão implacável, no entanto, esmagou qualquer resistência aberta. A participação do Estado na colheita de cereais subiu de 14,7% em 1928 para 34,1%, cinco anos depois. Esse sucesso, no entanto, foi obtido a um preço terrível. Uma indicação desse custo é dada pelo fato de que a população da URSS em 1939 era inferior em dez milhões ao número projetado com base em informações demográficas relativas ao período anterior a 1933.[31]

Esse processo é compreensível apenas contra o pano de fundo da adoção pelo regime de uma política de industrialização rápida, que constituiu o segundo aspecto principal da contra-revolução de Stalin. O Primeiro Plano Qüinqüenal, iniciado em outubro de 1928, embora oficialmente aprovado apenas em abril do ano seguinte e considerado completo quase um ano mais cedo, em fins de 1932, incluía metas iniciais altamente ambiciosas, que foram em seguida revisadas para cima, de modo que — de acordo com a variante "ótima" do plano — a produção industrial deveria crescer 244,5% nos quatro anos.[32] Subjacente a esse rompimento abrupto com o ritmo muito mais lento de industrialização previsto pela NEP, estava o receio de uma guerra com as potências mais avançadas. Stalin explicitou a ligação entre o Primeiro Plano Qüinqüenal e as preocupações de natureza estratégica em seu famoso ataque aos críticos da industrialização rápida, desfechado em fevereiro de 1931:

> Reduzir o ritmo implicaria atrasar-se. E os que ficam para trás são espancados. Mas nós não queremos ser espancados. Não, nós nos recusamos a ser espancados. Um dos aspectos da história da velha Rússia foram os freqüentes espancamentos que sofreu por causa de seu atraso. Foi espancada pelos *khans* mongóis. Foi espancada pelos *beys* turcos. Foi espancada pelos aristocratas poloneses e lituanos. Foi espancada pelos capitalistas britânicos e franceses. Foi espancada pelos barões japoneses. Todos a

espancaram — por causa de seu atraso, por causa de seu atraso militar, atraso cultural, atraso político, atraso industrial, atraso agrícola (...) Estamos 50 ou 60 atrás dos países avançados. Temos que recuperar essa distância em dez anos. Ou fazemos isso, ou acabamos.[33]

Essa estratégia pode ser considerada como uma resposta ao dilema postulado por Lenin em março de 1919: "Estamos vivendo não meramente em um Estado, *mas em um sistema de Estados*, e é inconcebível que a República Soviética conviva, por longo tempo, com os Estados imperialistas. Um ou outro, no fim, tem de triunfar."[34] A conclusão tirada por Lenin, e reiterada por Trotsky após a sua morte, consistiu em procurar, através do Comintern, estender a revolução a outros países. A doutrina do "socialismo num só país", porém, implicava a subordinação dos interesses do movimento revolucionário internacional aos do Estado russo. Já que deixara de confiar na revolução mundial, restava apenas ao regime bolchevique superar sua precária posição dentro do sistema internacional de Estados, tornando-se ele mesmo uma grande potência como as demais. Esse papel, no entanto, exigia a construção de uma base militar que equivalesse à dos grandes Estados capitalistas. O que William H. McNeill chama de "industrialização de guerra", iniciada em meados do século XIX, tornou o *status* de grande potência dependente da existência de uma base industrial pesada, capaz de produzir em massa os modernos sistemas armamentistas.[35] Tal como a autocracia czarista fizera quarenta anos antes, o regime de Stalin respondeu à concorrência militar das potências mais avançadas com uma industrialização em ritmo alucinante.

O regime czarista, no entanto, pudera atrair investimentos e empréstimos externos a fim de ajudar as necessárias importações de tecnologia ocidental. A Rússia stalinista não poderia esperar tal assistência, especialmente depois de ter o capitalismo ocidental sucumbido à grande depressão da década de 1930. A industrialização da URSS só poderia se realizar buscando a autarquia econômica. Numerosas pessoas incluindo o próprio Preobazhensky, no VII Congresso do Partido, realizado em 1934, acreditavam que os recursos para a industrialização haviam sido obtidos mediante a "acumulação socialista primitiva", isto é, "pela espoliação dos camponeses, pela concentração dos recursos dos camponeses nas mãos do Estado".[36] Pesquisa recente, no entanto, contestou tal explicação, sugerindo que, no mínimo, houve transferência líquida da indústria para a agricultura em 1928-32, refletindo, entre outros fatores, o enorme aumento do preço dos alimentos vendidos no mercado privado nesses anos de fome e os grandes investimentos feitos pelo Estado em maquinaria agrícola a fim de substituir o gado sacrificado pelos camponeses.[37]

A coletivização, no entanto, deu de fato uma contribuição à industrialização soviética. Em primeiro lugar, permitiu ao regime aumentar drasticamente as exportações de cereais e, dessa maneira, financiar as importações de fábricas e equipamentos procedentes do Ocidente. Entre 1928 e 1931, as vendas de cereais pela URSS nos mercados externos subiu 56 vezes.[38] O imenso salto nas exportações constituiu não apenas conseqüência da demanda de tecnologia por um país que se industrializava, mas também da queda dos preços mundiais dos alimentos, ocasionada pela Grande Depressão. O reverso dessa grande campanha de exportações foi a fome de 1933-34. Em segundo lugar, a coletivização, ao expulsar do campo grande número de camponeses, criou força de trabalho para as novas fábricas. O número de operários industriais subiu de 3.124.000 em 1928 para 8.290.000 em 1940. Grande parte desse aumento foi propiciado pelos camponeses que fugiam dos horrores das áreas rurais. Entre 1926 e 1939, as cidades receberam 30 milhões de indivíduos; a população urbana cresceu de 18% para 24% do total. Ocorria um ritmo espantoso de urbanização: só em 1931, nada menos de 4,1 milhões de camponeses mudaram-se para as cidades.[39] Finalmente, a coletivização, ao permitir ao Estado obter controle direto da produção agrícola, assegurou o abastecimento das cidades em rápido crescimento.

Se, contudo, não houve transferência líquida da agricultura para a indústria, de onde veio então o excedente requerido pela altíssima taxa de acumulação desses anos? O historiador econômico soviético A.A. Barsov faz a importante observação de que o "principal fardo coube à classe trabalhadora". Michael Ellman sumaria os resultados da pesquisa de Barsov nos seguintes termos: "A origem do aumento da acumulação ocorrido em 1929-31 foi o excedente obtido com o emprego de mais trabalhadores no setor urbano a taxas de salário real inferiores às recebidas pelos trabalhadores empregados em 1928, além do excedente obtido com a redução dos salários reais recebidos pelos trabalhadores empregados nesse ano." Calculou Barsov que a taxa de mais-valia subiu de 27% em 1928 para 110% em 1932.[40] Se essa análise é correta, então a industrialização "socialista" na URSS tornou-se possível não só pela destruição do campesinato, mas também pela intensa exploração da própria classe que, em teoria, dirigia o país e que supostamente deveria ser a principal beneficiária das mudanças em andamento. Na verdade, durante o Primeiro Plano Qüinqüenal, ocorreu um rebaixamento mais geral da situação da classe operária na URSS. Apesar do declínio da democracia soviética após a Revolução, os operários industriais gozavam de proteção jurídica muito considerável, defendida pelos sindicatos, que conservavam certo grau de autonomia em relação ao Estado. Todas essas garantias foram abolidas após 1928. Enfrentando uma queda catastrófica em seus padrões de vida e pressões intensas que se faziam sentir para acelerar a industrialização, os operários, ainda assim, encontraram meios de resistir. O rápido estabelecimento do pleno emprego contribuiu para criar para o regime problemas endêmicos de disciplina trabalhista. Greves detonavam com freqüência no período 1928-34, embora, dados os métodos muito violentos usados para reprimi-las, outras formas de resistência ganhassem mais popularidade — como, por exemplo, as "operações-tartaruga" ("greves italianas"), rotatividade no emprego (em 1930, o operário típico mudava de emprego a cada oito meses), absenteísmo. Essas formas indiretas de luta são típicas de uma classe operária pulverizada pelo terror do Estado, mas possuidora, graças à carência de mão-de-obra, de algum poder de barganha; um padrão muito parecido foi exibido pela resistência operária na Alemanha nazista.[41]

As lutas entre os trabalhadores e o regime constituíram uma das dimensões de uma característica mais geral da URSS na década de 1930, a enorme fluidez social gerada pelas políticas de Stalin. Moshe Lewin, em um ensaio brilhante, descreveu essa "sociedade de areia movediça", na qual

> operários, administradores, especialistas, funcionários da máquina do Partido e, em grandes números, os camponeses, todos se moviam de um lado para o outro e trocavam de emprego, criando excedentes indesejáveis em alguns lugares e carências em outros, perdendo qualificações ou deixando de adquiri-las, criando correntes e inundações, nas quais famílias foram destruídas, crianças se desgarraram dos pais, e a moralidade se dissolveu. As estruturas sociais, administrativas, industriais e políticas se encontravam em movimento constante.[42]

Dificilmente supreende que, nesse clima social, a violência organizada, crucial, num primeiro momento, para iniciar as mudanças, acima de tudo através da coletivização, tenha adquirido um papel de suma importância. A coerção sistemática, o terceiro aspecto principal da contra-revolução stalinista, implicou um enorme aumento dos poderes da polícia secreta (a GPU, mais tarde denominada de NKVD), responsável, *inter alia*, pelo sistema de campos de trabalho. Talvez cerca de cinco milhões de trabalhadores escravos labutassem no Arquipélago Gulag em fins da década de 1930.[43] A população dos campos, formada por ondas de dissidentes políticos e, em seguida, por *kulaks* e *podukalchniks* em princípios da década de 1930, foi, naturalmente, engrossada pelas vítimas do Grande Terror de 1936-38. Esses expurgos, nos quais pereceram várias centenas de milhares de pessoas, dirigiam-se, contudo, contra ativistas do Partido Bolchevique.[44] Os que escapavam dessa forma sumamente direta de violência estatal sofriam outros tipos de coerção. O governo promulgou uma série de leis trabalhistas cada vez mais repressivas, culminando com um decreto de junho de 1940, que transformou em crimes a mudança de emprego e a falta ao trabalho.[45] Em 1933-34, duas velhas práticas czaristas — o passaporte interno e o *propiska*, ou sistema de registro compulsório na polícia — foram restabelecidas.

Apenas a coerção, no entanto, não basta para explicar a transformação bem-sucedida da sociedade russa. Embora a massa dos operários e camponeses fosse vítima da "revolução de Stalin", uma minoria da população beneficiou-se com as mudanças que ela trouxe. A mobilidade social desencadeada por essas mudanças é o quarto aspecto essencial para compreendermos a contra-revolução. Estudiosos ocidentais têm tendido ultimamente a pôr grande ênfase no fato de que ocorreu uma "revolução cultural" na URSS nos anos 1927-31. O período final da NEP foi um momento de grandes tensões sociais nas cidades, refletindo o nível crescente de desemprego e o contraste evidente entre as condições da massa da população urbana e as da "burguesia da NEP", que prosperou com o restabelecimento da iniciativa privada após 1921. Para uma minoria, especialmente para jovens ativistas do Partido, a mudança abrupta da política em 1928-29 assinalou o fim, muito bem recebido, dessa situação e a oportunidade de participar da tarefa heróica de construir o "socialismo". Foram convocados para essa missão por numerosas iniciativas do regime. Em primeiro lugar, recorreu o governo à retórica de um aquecimento da luta de classes e a numerosas visões utópicas de mudanças instantâneas em diferentes áreas da vida social (cultura, regime judiciário e planejamento urbano, por exemplo). Comum a todas elas era um voluntarismo sumariado pelo *slogan:* "Não há fortaleza que os bolcheviques não possam tomar de assalto." Em segundo lugar, foi montado um ataque contra a velha *intelligentsia*, predominantemente não-comunista, antes tolerada e mesmo privilegiada por possuir qualificações então escassas. Essa política foi anunciada pelo processo Shakhty, em maio-junho de 1928, seguido por prisões em massa de engenheiros e pelo "expurgo social" na máquina do Estado. Finalmente, a Konsomol (Liga dos Jovens Comunistas) foi mobilizada *en masse* para tanger os camponeses para as fazendas coletivas.[46]

Essa "revolução cultural" é às vezes usada por historiadores para afirmar que o Primeiro Plano Qüinqüenal consumou as transformações sociais iniciadas em outubro de 1917.[47] Tal interpretação, no entanto, subestima grandemente as diferenças entre a Revolução de 1917 e sua suposta sucessora em fins da década de 1920. Em primeiro lugar, a "revolução cultural" foi em grande parte dirigida, e, na verdade, manipulada, a partir de cima. De importância mais fundamental, porém, é que o significado social das mudanças envolvidas foi a mobilidade ascendente para uma minoria, num momento em que a massa da população passava por um declínio assustador em suas condições materiais. A industrialização rápida exigia que trabalhadores sem qualificações se tornassem especializados, que operários qualificados se transformassem em capatazes, que técnicos se tornassem engenheiros. Escolas de artes e ofícios tiveram uma expansão imensa a fim de fornecer operários com educação de segundo grau, capazes de atender à demanda de pessoal mais bem treinado pela indústria. A conseqüência disso foi o ingresso de operários e ex-operários nas carreiras administrativas e técnicas. As principais condições de acesso para a maioria desses *vydvizhentsy* (candidatos à promoção) eram a filiação ao Partido e o treinamento técnico. Entre 1930 e 1933, cerca de 660 mil "operários-comunistas", o equivalente entre 10% e 15% da força de trabalho em 1930, passaram a trabalhar em funções burocráticas. Não obstante, a ascensão de alguns operários, a níveis superiores à sua classe, e os privilégios concedidos a outros — os operários-brigadistas e os "stakhanovistas", premiados por sua alta produtividade — contribuíram para ampliar a base social do regime.[48]

Os entusiasmos despertados pela "revolução cultural", combinados com as características mais gerais de um estado de fluidez provocado pelo Primeiro Plano Qüinqüenal, foram socialmente desestabilizadores. Daí ter acontecido o que Nicholas S. Timasheff denominou de "O Grande Recuo" de princípios e meados da década de 1930.[49] A retórica voluntarista, de guerra de classes, cedeu lugar a políticas mais conservadoras. Em primeiro lugar, o regime adotou a política de estimular diferenciais maiores de salários e, de modo mais geral, de conceder privilégios materiais a especialistas e gerentes, mudança esta assinalada pelo famoso ataque de Stalin ao "igualitarismo" que, segundo ele, "nada tinha em comum com o socialismo marxista".[50] As desigualdades crescentes haviam sido de fato, um aspecto característico da sociedade russa desde meados da década de 1920. O alargamento dos diferenciais fazia parte, na verdade, de uma política mais geral, implementada após 1929, que consistia — nas palavras de Lewin — em "promover uma classe mais poderosa de chefes, e os *nachal'stvo*, composta de gerentes graduados de empresas e altos administradores de órgãos estatais". Argumenta ele que "a criação de uma estrutura hierárquica de dedicados chefes, mantidos coesos pela disciplina, privilégios e poder, constituiu uma estratégia deliberada de engenharia social, com o objetivo de ajudar a estabilizar aquela fluidez". O cargo de diretor de fábrica, em especial, ganhou destaque: "dotado de um poder quase de polícia no local de trabalho", o papel desses indivíduos foi resumido muito bem pela afirmação do sicário predileto de Stalin, Kaganovich, de que "a terra deve tremer quando o diretor faz uma ronda na fábrica".[51] O terceiro elemento no esforço do regime para "estabilizar a fluidez consistiu" em concessões ao campesinato, em particular o reconhecimento formal do direito dos membros das fazendas coletivas de vender cereal no mercado livre, explorar um lote privado e possuir uma vaca. Ao mesmo tempo, a mobilidade dos camponeses era limitada pela recusa em fornecer-lhes passaportes internos. Estabelecia-se, assim, um relacionamento de tributário entre o camponês e o Estado. Por último, o regime apelou cada vez mais para as unidades orgânicas tradicionais da nação e família, uma mudança refletida na revogação de numerosas reformas sociais instituídas pela Revolução de Outubro: o divórcio, por exemplo, tornou-se muito mais difícil em 1935, proibindo-se os abortos no ano seguinte.

O "Grande Recuo" não impediu, contudo, a explosão convulsiva de violência que dizimou o próprio partido governante em fins da década de 1930. Pesquisa recente, notadamente a realizada por J. Arch Getty, estimulou a interpretação do Terror como processo social, e não, como tradicionalmente se supunha, como manifestação da personalidade maligna do próprio déspota. Getty chama a atenção para os conflitos que cindiam a burocracia — entre "radicais", como Molotov, e "conservadores", como Ordzhonikidze — sobre a velocidade do crescimento econômico, bem como entre o centro do Partido e as secretarias regionais, que ignoravam constantemente as ordens do centro. O papel de Stalin, nessa análise, aparece menos como o de um tirano onipotente e mais como o de um intermediário, manobrando entre as diferentes facções. Em 1936-37, contudo, ele jogou seu peso no lado dos "radicais", pressionando por uma ofensiva geral contra seus adversários. Coube a Yezhov, um "revolucionário cultural", o papel de principal instrumento dessa política, ao ser posto na chefia da NKVD em setembro de 1936. O Terror então desencadeado envolveu, além dos processos teatrais que varreram a maior parte dos líderes sobreviventes da Revolução de Outubro, a eliminação no aparato econômico daqueles que Molotov denunciou como "limitadores" e "subestimadores", bem como das lideranças locais, que a gentalha do Partido foi cinicamente encorajada a criticar e remover. Prisões em massa de funcionários do Partido no verão e outono de 1937 não deixaram pedra sobre pedra nas secretarias regionais até o fim do ano. A *Yezhovschina* foi, assim, a última manifestação da "revolução cultural", que, da mesma maneira que sua sucessora chinesa em fins da década de 1960, envolveu mobilizações de massa sob a bandeira de retórica antiburocrática, a fim de resolver, de uma vez por todas, brigas no seio da classe dirigente.[52]

Qualquer que tenha sido a mecânica precisa do Terror, nenhuma dúvida há sobre suas conseqüências sociais. A *Yezhovschina* completou o processo de mobilidade ascendente iniciado sob o Primeiro Plano Qüinqüenal. A propósito, observa Sheila Fitzpatrick:

> As carreiras de Aleksei Kossiguin e Dimitri Ustinov (respectivamente primeiro-ministro e ministro da Defesa sob Brejnev) (...) — ambos *vydvizhentsy* da classe operária do período do Primeiro Plano Qüinqüenal, graduando-se respectivamente em 1935 e 1934 e, em 1941, ocupando cargos

ministeriais no governo da URSS — exemplificam, ainda que de forma extremada, a ascensão alucinante de milhares de indivíduos. Os *vydvizhentsy* do Primeiro Plano Qüinqüenal foram, na verdade, a "geração de Brejnev," o núcleo da elite do sub-Politburo na década de 1940 sob Stalin e da alta liderança política nas décadas de 1950 e 1960.[53]

O Terror, por conseguinte, pode ser considerado como a consolidação política da contra-revolução. O massacre eliminou a geração de bolcheviques que haviam sido formados pela luta contra o czarismo e que lideraram a própria Revolução de Outubro. Todas as diferentes frações que participaram das lutas da década de 1920 — os trotskistas, os zinovievistas, os bukharinistas, os stalinistas, e até mesmo os executores do Terror, como o próprio Yezhov — foram eliminadas, e seus lugares ocupados pelos *vydvizhentsy* que haviam subido na hierarquia graças aos abalos ocorridos após 1928. O "degelo" que se seguiu à morte de Stalin em 1953 e o discurso secreto de Khrushchev em 1956 garantiram, acima de tudo, que essa geração não sucumbiria a uma nova edição da *Yezhovschina*. Os novos homens promovidos pela "Revolução de Stalin" estavam destinados a dominar a política soviética até a subida de Gorbachev ao poder como secretário-geral do Partido em 1985.[54] Nenhuma ligação com o passado revolucionário inibiu a geração de Brejnev de identificar-se plenamente com o sistema stalinista que emergiu da reviravolta dos anos 1930.

Qualquer que possa ter sido a contribuição do período revolucionário inicial para modelar aquele sistema (questão esta a que voltarei no Capítulo 4), o registro histórico deixa pouca dúvida sobre a diferença qualitativa entre bolchevismo e stalinismo. Como resultado das transformações da década de 1930, argumenta Lewin, "o partido tornou-se uma organização de um tipo sem precedentes: uma administração política burocrática, altamente centralizada e organizada para a mobilização, a arregimentação e o controle, inteiramente diferente do que fora sob Lenin".[55] Articulado com essa estrutura política, havia o comando burocrático da economia, da forma como emergira do Primeiro e Segundo Planos Qüinqüenais (1928-37). Sob o sistema que se desenvolveu na década de 1930, era atribuída a cada empresa uma meta de produção específica no plano anual, formulado pela Comissão de Planejamento Estatal (Gosplan), através de um processo de negociações que envolvia os planejadores centrais, os ministérios industriais responsáveis pelos vários setores e os próprios diretores de empresas. A coordenação econômica assumiu uma forma extremamente hierárquica: as metas estabelecidas pela Gosplan eram de cumprimento obrigatório pelas empresas. Além do mais, não só as metas de produção eram determinadas pelo centro, mas este alocava também os suprimentos. O acesso a insumos dependia da distribuição de certificados pela Gosplan e a Gossnab (Comissão Estatal de Suprimentos Técnicos Materiais).[56]

O stalinismo — esse sistema em que o poder social era concentrado nas mãos da burocracia política central, situada no topo da máquina do Partido-Estado — sobreviveu durante cerca de sessenta anos, desde o Primeiro Plano Qüinqüenal até a crise de fins da década de 1980. Ela será melhor compreendida, argumenta Cliff, como uma variante do capitalismo, o capitalismo burocrático de Estado. Marx, vale recordar, atribuiu dois principais aspectos definidores ao modo capitalista de produção: a separação entre força de trabalho e meios de produção, bem como a transformação da primeira em um bem que o trabalhador tem de vender para sobreviver; e a acumulação de mais-valia, com seu reinvestimento em mais produção, imposto aos capitais singulares pela luta competitiva entre si.[57] Ambos esses aspectos tomaram forma na URSS sob o Primeiro Plano Qüinqüenal. Em muitos aspectos a coletivização da agricultura exibe uma estreita analogia com a expropriação do campesinato inglês, que Marx analisou na Parte 8, Volume I, de *O Capital*, ao discorrer sobre a "acumulação primitiva" do capital. Em ambos os casos, os produtores diretos foram privados de suas terras e, em conseqüência, reduzidos a uma condição em que muitos não tiveram alternativa a não ser se tornarem operários das novas indústrias. Mas nem por isso os trabalhadores se tornaram escravos do Estado stalinista. Um dos aspectos mais notáveis da resistência da classe operária na década de 1930 foram os níveis muito altos de rotatividade da mão-de-obra: o operário industrial típico mudava de emprego a cada oito meses em 1930 e a cada 13 meses em 1939.[58]

A capacidade dos operários de mudar de uma empresa para outra criou um mercado de trabalho, no qual os salários relativos variavam na medida em que diretores de fábrica procuravam atrair e conservar empregados, oferecendo-lhes incentivos financeiros. A descrição que Alec Nove nos dá dessas variações de salário, uma conseqüência do fato de que "ministérios e empresas concorriam na prática pela mão-de-obra", destaca processos que já estavam em andamento durante o Primeiro Plano Qüinqüenal:

> Nessa situação, as forças do mercado (isto é, a oferta e demanda dos diferentes tipos de trabalho) afetam de duas maneiras as rendas relativas. Em primeiro lugar, *afetam as decisões do governo*. Assim, se a uma dada taxa salarial não há mecânicos de instrumentos, carpinteiros, mineiros, operadores de computador ou quaisquer outras pessoas em números suficientes que queiram trabalhar ao norte do Círculo Ártico, então as escalas oficiais de renda podem ser (e são freqüentemente) alteradas para assegurar uma reação da oferta. Em segundo lugar, uma vez que as escalas oficiais raramente são alteradas e talvez não se ajustem à situação local, os diretores de empresas procuram encontrar maneiras de contornar as *escalas oficiais*.[59]

O capitalismo, no entanto, envolve mais do que a transformação da força de trabalho em mercadoria. No período do Primeiro e Segundo Planos Qüinqüenais, ocorreu uma drástica rearrumação nas prioridades econômicas. A parcela dos bens de consumo no produto total caiu de 67,2% em 1927-28, para 19%, em 1940; no mesmo espaço de tempo, a quota dos bens de produção elevou-se de 32,8% para 61%.[60] Esses números implicam subordinação sistemática do consumo aos investimentos na indústria pesada. Realmente, como vimos acima, essa taxa muito alta de acumulação dependia de um aumento espetacular da taxa de extração da mais-valia da classe operária. Ou, como argumenta Cliff:

> A rápida acumulação de capital com base no baixo nível de produção, de insignificante renda nacional *per capita*, tinha que impor uma pressão incômoda sobre o consumo das massas, sobre seu padrão de vida. Nessas condições, a burocracia, transformada em personificação do capital, para a qual a acumulação do capital é tudo e o fim de tudo, tem de se livrar de tudo o que resta de controle pelos trabalhadores, tem de substituir a convicção no processo de trabalho pela coerção, tem de pulverizar a classe operária, tem de forçar toda a vida sócio-política para dentro de um molde totalitário.[61]

O principal mecanismo analisado por Marx como fator que impulsiona os capitais a acumularem foi sua interação competitiva no mercado. O Primeiro Plano Qüinqüenal, no entanto, implicou a eliminação em grande escala do mercado interno, enquanto o comércio externo, ainda que importante como fonte de tecnologia ocidental, desempenhava um papel apenas limitado no modelo geral de desenvolvimento econômico da URSS. O mecanismo que impulsionava a acumulação no regime stalinista era de tipo diferente. Foi, como vimos, o medo de guerra com as potências mais desenvolvidas que, no início, deu embasamento à decisão de industrializar-se. A rivalidade militar — com a Grã-Bretanha, em fins da década de 1920, com a Alemanha, entre 1933 e 1945, com os Estados Unidos e seus aliados, após 1945 — impunha à URSS um conjunto de prioridades que privilegiavam todos os investimentos em indústrias pesadas relacionadas com a defesa. Esse modelo persistiu até a era da *perestroika*. Em 1988, escreveu o economista Selyunin:

> O fundo de consumo conta com 60% da renda e o de poupança,com 40%. Essa alta composição da poupança é, essencialmente, um padrão da época da guerra.
>
> A orientação para a produção de bens de produção colocou-nos na situação paradoxal de que taxas muito aceleradas de desenvolvimento e crescimento mais rápido da renda nacional produzem um efeito muito pequeno sobre o padrão de vida. A economia está trabalhando cada vez mais para si mesma, e não para o homem.[62]

A produção pela produção, como se sabe, era o que Marx acreditava ser o aspecto definidor do capitalismo. Ao surgir pela primeira vez na URSS, em inícios da década de 1930, esse padrão nada tinha de excepcional. A Grande Depressão provocara a fragmentação geral do mercado mundial em blocos rivais, à medida que cada grande potência delimitava sua zona econômica própria, defendida, em última análise, pelo seu poderio militar. Essa tendência para a autarquia fez-se acompanhar por um salto qualitativo na direção estatal da economia interna. Fora da Rússia, o caso mais extremado foi a Alemanha nazista, onde o restabelecimento do pleno emprego tornou-se possível pelo rearmamento e foi acompanhado pela ampliação do setor estatal (como, por exemplo, as imensas usinas Herman Göring) e pela crescente direção governamental das empresas privadas, através de mecanismos como o controle cambial e o Plano Quatrienal. Em outros países, a tendência para o capitalismo de Estado autárquico teve caráter menos pronunciado, embora também evidente: o *New Deal* de Roosevelt, nos Estados Unidos, e o programa governamental de cartelização e nacionalização, na Grã-Bretanha, demonstram a sua existência mesmo em democracias liberais. A contra-revolução de Stalin, portanto, não constituiu o aperfeiçoamento de um sistema social rival, mas o ponto mais avançado alcançado por uma tendência universal para o capitalismo de Estado militarizado.[63] Um dos principais motivos da crise que se abateu sobre a URSS em 1980, porém, foi o fato de que o modelo de desenvolvimento que a colocara, na década de 1930, na vanguarda do capitalismo condenava-a a uma obsolescência cada vez maior.

2.2 AS CONTRADIÇÕES DA REFORMA AUTORITÁRIA

O momento da morte pode ser também o momento da verdade para um sistema social. Quando o sistema atinge o ponto de desintegração, seus aspectos fundamentais aparecem em nítido relevo. Tal foi o destino dos regimes stalinistas. O colapso progressivo em que mergulharam em fins da década de 1980 desmentiu a maioria das análises do "socialismo realmente existente". Isso é inegável no tocante às duas principais teorias preferidas pela esquerda ocidental. A primeira é a interpretação de Trotsky, que vê o regime de Stalin como "um Estado operário degenerado"; esse ponto de vista original de Trotsky foi progressivamente obscurecido pelos esforços dogmáticos de seus sucessores ortodoxos para estendê-lo aos Estados "socialistas" da Europa Oriental e do Terceiro Mundo. O mais conhecido representante contemporâneo do trotskismo ortodoxo é Ernest Mandel, que afirmou, em data tão recente como 1980, com base no desempenho dos Estados stalinistas durante a recessão mundial de 1974-75, o seguinte:

> Mais uma vez, a história demonstrou que uma economia baseada na propriedade coletiva dos grandes meios de produção, no planejamento central e no monopólio estatal do comércio exterior é qualitativamente superior a uma economia de mercado capitalista em sua capacidade de evitar grandes flutuações cíclicas, crises de superprodução e desemprego, a despeito do desperdício e dos desequilíbrios monstruosos causados pelo monopólio burocrático da administração econômica e política, apesar da distância que ainda os separa de uma economia socialista autêntica.[64]

O quadro da economia soviética pintado pelo assessor de Gorbachev, Abel Aganbegyan, referindo-se ao momento em que Mandel escrevia essas palavras, dificilmente nos estimula a considerá-lo como um sistema social mais avançado do que o capitalismo ocidental: "No período 1981-85, praticamente não houve crescimento econômico. Estagnação e crise sem precedentes ocorreram no período 1979-82, quando caiu efetivamente a produção de 40% de todos os bens industriais."[65] Na verdade, à medida que se acumulava cada vez mais a prova do desperdício e da ineficiência na URSS nas duas últimas décadas, a esquerda, tanto do Ocidente quanto do Leste, mostrou-se cada vez mais inclinada a considerar o stalinismo como uma forma de sociedade qualitativamente *inferior* ao capitalismo. A versão original dessa idéia foi a teoria, formulada por Max Shachtman e outros partidários dissidentes de Trotsky durante a Segunda Guerra Mundial, de que o "coletivismo burocrático", uma nova forma de sociedade de classe, era o que prevalecia na URSS.[66] Nas décadas de 1970 e 1980, no entanto, variações desse tema foram ouvidas cada vez mais na esquerda do Ocidente (no mundo de fala inglesa, uma análise desse tipo foi promovida especialmente por Hillel Ticktin e a revista *Critique*), bem como entre os socialistas dissidentes do próprio Leste (Rudolph Bahro, Janós Kis e Boris Kagarlitsky, por exemplo). A idéia de uma sociedade de classe pós-capitalista sempre foi ambígua, no sentido em que deixava em aberto se tal sociedade seria mais ou menos progressista do que o capitalismo, embora a experiência dos últimos vinte anos tenha levado seus proponentes a argumentar veementemente que os regimes stalinistas são inferiores aos do Ocidente.

Em sua forma mais extrema, essas análises assemelham-se ao que, provavelmente, ainda é a interpretação hegemônica do stalinismo nas democracias liberais, a de totalitarismo, segundo a qual a URSS e suas congêneres são sociedades fechadas, tão geral e rigidamente controladas de cima que se tornaram impermeáveis a qualquer tipo de mudança gerada internamente. Por isso mesmo, em um ensaio publicado originariamente em 1985, Ferenc Fehér e Agnes Heller afirmaram, a respeito da Europa

Oriental, que "a esperança de mudança radical desapareceu na região, pelo menos no futuro previsível". A razão final por que "uma destotalitarização dos Estados do Leste europeu é uma possibilidade excluída" era aparentemente a passividade política dos povos da própria URSS:"O longo e eficiente treinamento ministrado por Stalin eliminou o espírito de rebeldia de uma população que avalia suas condições sociais mais realisticamente do que os observadores ocidentais." Esses e outros pronunciamentos dogmáticos de Fehér e Heller foram, felizmente, logo refutados quando a agitação efervescente dos movimentos sociais, políticos e culturais apareceram na URSS sob a *glasnost*, seguida pelos grandes levantes populares na Europa Oriental. O absurdo de toda a linha de raciocínio levada a tais extremos por Fehér e Heller é indicado pelo pronunciamento de ambos em um ataque contra o movimento ocidental pela paz, que podia ter sido redigido pelo Departamento de Estado dos Estados Unidos, dizendo que "não há maneira de convencer a população de qualquer área subindustrializada de qualquer sociedade soviética, que careça de bens industriais elementares e de outros confortos sociais, freqüentemente até mesmo de eletricidade, de que uma usina nuclear poderia produzir efeitos colaterais danosos".[67] Essas linhas foram republicadas um ano depois do desastre de Chernobyl. Mesmo que a afirmação feita pelo *Financial Times*, de que "a revolução na Alemanha Oriental foi talvez a primeira na história em que a insatisfação com a poluição industrial representou um importante papel", possa encerrar algum exagero, verificou-se que as questões ecológicas constituem uma das bases mais eficazes que os movimentos democráticos, na URSS e na Europa Oriental, usaram para promover a mobilização de massa.[68]

Mais fundamental, contudo, do que quaisquer erros específicos de prognóstico é o fracasso em formular teorias explicando os regimes stalinistas como um sistema social diferente e inferior ao capitalismo ocidental, a fim de explicar as crises que acometeram esses países na década de 1980. Isto porque, em grande parte, as crises tinham suas raízes no sucesso histórico do stalinismo. Recordemos, em primeiro lugar, a meta estabelecida por Stalin para a URSS, em 1931, ou seja, a de "superar o atraso" da URSS em relação aos "países avançados (...) em dez anos". Embora o alvo não tivesse sido alcançado em 1941, a indústria pesada construída durante os dois primeiros Planos Qüinqüenais (1928-37) proporcionou a base econômica para o esforço de guerra do país contra a Alemanha nazista. Na década de 1950, a União Soviética tornara-se a segunda maior economia industrial do mundo. O produto industrial *per capita* era de 25% da média da Europa Ocidental em 1929 e chegou a 84% em 1963. Os métodos utilizados para promover essa transformação — alocação centralizada de recursos em uma economia amplamente fechada, controlada pelo Estado — não diferiram qualitativamente da reação das potências ocidentais à derrocada econômica da década de 1930 e foram, na verdade, adotados principalmente como resposta à competição militar das economias mais avançadas.[69] Os Estados do Leste europeu, sujeitos à hegemonia política e militar da União Soviética e estruturados de acordo com princípios stalinistas em fins da década de 1940, desfrutaram inicialmente de um período de euforia econômica. A esse propósito, escreve M.C. Kaser:

> A taxa média de crescimento obtida na região durante as duas primeiras décadas de planejamento central (1950-70) foi mais alta do que as taxas mais altas conseguidas nos melhores anos entre as guerras (1925-29). Os dois países menos desenvolvidos cresceram tão rapidamente como os dois que cresceram mais rápido no melhor período de cinco anos, entre as guerras, a Tchecoslováquia e a Hungria.[70]

O dinamismo do bloco oriental em fins da década de 1950 levou altos funcionários americanos, como o diretor da CIA, Allen Dulles, a comparecer perante o Congresso e advertir contra "o desafio econômico e tecnológico soviético".[71]

Contudo, na década de 1960, o quadro começou a mudar. As taxas de crescimento soviéticas começaram a cair em meados dessa década. A taxa de crescimento médio durante a década de 1970, de 2,6%, era comparável à das economias da Europa Ocidental, afligidas nesses anos por duas grandes recessões mundiais, mas muito abaixo das metas do plano.[72] Em 1980, a economia soviética, segundo Aganbegyan, encontrava-se em processo de estagnação. Alguns países da Europa Oriental, notadamente a Polônia, experimentavam crises ainda mais agudas. Quais as razões dessa dificuldade? Até certo ponto, elas refletiam o amadurecimento das economias stalinistas. As altas taxas de crescimento obtidas antes das décadas de 1960 e 1970 haviam sido vitórias da "industrialização extensiva", na qual novas fábricas foram construídas e postas em operação utilizando as reservas abundantes de mão-de-obra barata e matérias-primas existentes na própria URSS. Tornou-se um lugar-comum dos analistas do Leste e do Ocidente dizer, a partir da década de 1960, que, à medida que essas reservas secassem, o crescimento posterior passaria a depender de um modelo "intensivo", no qual o produto seria aumentado através de aumentos de produtividade e de inovação tecnológica mais rápida. E tornou-se igualmente banal argumentar que a economia de comando burocrático erigida na década de 1930 constituía um grande obstáculo a essa transformação.[73]

A atenção concentrou-se cada vez mais nas patologias desse tipo de economia: nas carências aparentemente endêmicas de bens de consumo e capital, no desperdício ocasionado por ciclos de investimentos que em geral culminavam em numerosos projetos incompletos, na ineficiência atinente à coordenação medíocre entre setores e na incapacidade dos planejadores de processar o enorme volume de informações que se acumulavam no centro. O economista húngaro Janós Kornai fez uma das tentativas mais rigorosas para teorizar esses fenômenos. Argumenta que tais fenômenos implicam a *reprodução constante da carência*, ocasionada pelo fato de que "não há um limite auto-imposto à demanda de recursos de investimento", de modo que as empresas tendem a entesourar insumos e, dessa maneira, criam carências, que estabelecem um ciclo vicioso, no qual a escassez de bens leva a uma "campanha pela quantidade" mais intensa por parte da indústria, o que por seu lado intensifica as carências.[74] Kornai, no entanto, não explica satisfatoriamente as razões do que chama de "fome de investimento quase insaciável". A esse respeito, Martin Wolf faz uma comparação sugestiva:

> Uma das maneiras de conceber a anormalidade da economia soviética consiste em considerá-la como um caso extremo de economia de guerra. Há mais em jogo do que o fardo das despesas com a defesa. É igualmente importante a ênfase na indústria pesada e a indiferença ao consumo; o isolamento da economia e a centralização extrema, a inflação reprimida, os apelos ao sacrifício coletivo; e a paranóia.[75]

Na verdade, os fenômenos de carência e desperdício analisados por Kornai foram aspectos gerais das economias de guerra organizadas por todas as potências em 1914-18 (quando quebraram a espinha dorsal do regime czarista) e em 1939-45. A longa era de rivalidade militar entre a URSS e as economias avançadas, que começou em fins da década de 1920 e teve continuidade com a Guerra Fria, aprisionou a economia soviética em uma estrutura organizacional que gerou as ineficiências diagnosticadas por Kornai e outros. A prioridade econômica ao setor militar explica por si mesmo a redução do crescimento iniciada na década de 1960. De acordo com uma estimativa soviética recente, o produto interno bruto total (PIB) da URSS era de cerca da metade do americano em 1987; o PIB soviético *per capita* era de apenas 42% do norte-americano. Foi enorme o fardo imposto à União Soviética, o de igualar os gastos militares de uma economia muito maior e mais avançada. Cerca de 13% do PIB soviético foram gastos com defesa em 1987 ou seja, duas vezes a cifra americana.[76] Recursos para investimento, que poderiam ter sido usados para aumentar a produtividade das indústrias civis foram, em vez disso, desviados para o desenvolvimento de sistemas de armas cada vez mais caros e sofisticados.

Mais fundamental ainda, para explicar a crise do stalinismo, é a transformação por que passou a economia mundial na última geração. Especialmente depois do longo auge das décadas de 1960 e 1970, a tendência mais importante tem sido a da globalização da economia. Comércio e investimentos tornaram-se crescentemente internacionalizados com o desenvolvimento do que Nigel Harris chamou de "um sistema manufatureiro global", no qual grandes aumentos de produtividade podem ser obtidos organizando-se a produção através de fronteiras nacionais. A crescente importância da empresa multinacional como forma de organização produtiva foi acompanhada pelo desenvolvimento de enormes fluxos internacionais de investimentos financeiros, à medida que bancos e bolsas de valores rompiam também fronteiras nacionais. Essa integração global do capital implicou uma grande redução do poder econômico do Estado-nação. A intervenção do Estado na economia não cessou — como o testemunha o emprego de políticas keynesianas de estímulo à demanda e de expansão do crédito, adotadas por governos da Nova Direita nos Estados Unidos e Grã-Bretanha na década de 1980 —, embora não envolvesse mais o habitual tipo de alocação de recursos próprio não só da URSS como também dos países avançados entre as décadas de 1930 e 1950.[77]

A globalização do capital deixou encalhados os Estados stalinistas. As formas de industrialização que haviam transformado a União Soviética em uma superpotência e industrializado os países do Leste europeu não mais correspondiam aos modelos mundiais de desenvolvimento. O milagre econômico das décadas de 1970 e 1980 foi a industrialização de partes do Terceiro Mundo. Tipicamente, os países de industrialização recente (NICs) conseguiram escapar do velho ciclo de subdesenvolvimento graças ao papel desempenhado por um Estado altamente intervencionista. O Estado sul-coreano, por exemplo, controlava dois terços dos investimentos nacionais e dirigia as decisões de investimento do *chaebol*, as 50 companhias privadas gigantes. A esse respeito, comenta M.K. Datta-Chaudhuri: "Nenhum Estado, fora do bloco socialista, jamais chegou perto desse grau de controle dos recursos para investimento na economia."[78] A acumulação dirigida pelo Estado, porém, não se orientava para a construção de uma economia nacional tanto quanto possível independente do resto do mundo. Ao contrário, tinha por objetivo irromper nos mercados mundiais, em têxteis, em vestuários na década de 1960, em aço e construção naval na década de 1970, em veículos e bens de consumo eletrônicos na década de 1980. Os NICs mais bem-sucedidos, os situados na borda do Pacífico, triunfaram como exportadores de bens manufaturados.

A obsolescência do modelo de capitalismo burocrático de Estado erigido na URSS na década de 1930 e transplantado para a Europa Oriental após a guerra tornou-se cada vez mais evidente. A crise na Polônia assumiu proporções de séria gravidade, uma vez que seus dirigentes procuraram, na década de 1970, aliviar as tensões sociais internas uma política de crescimento, financiando investimentos em grande escala mediante empréstimos tomados em bancos do Ocidente, na esperança de que esses empréstimos pudessem ser pagos com divisas estrangeiras obtidas com a exportação de grande parte da produção das novas fábricas. O início da segunda grande recessão mundial, em fins da década de 1970, destruiu esses planos e deixou a Polônia envolvida numa crise profunda de endividamento, muito semelhante à que sofriam alguns NICs latino-americanos, como o Brasil, o México e a Argentina.[79] As tribulações da própria URSS foram disfarçadas pelo fato de que o grande aumento dos preços do petróleo na década de 1970 permitiu ao regime de Brejnev importar tecnologia e bens de consumo do Ocidente e, dessa maneira, adiar o dia do ajuste de contas econômico. Na década de 1980, no entanto, tornaram-se cada vez mais evidentes as dificuldades enfrentadas pela União Soviética. A falta de integração no mercado mundial negava à URSS acesso ao tipo de aumento da produtividade do trabalho decorrente da participação na divisão de trabalho internacional; a dependência de tecnologia importada colocava-a sob pressão crescente, à medida que a corrida armamentista se acelerava com o recrudescimento da Guerra Fria em fins da década de 1970, estimulada pelo desenvolvimento de sistemas cada vez mais diversificados de armas, e que a queda nos preços do petróleo evidenciava a sua dependência das exportações de matérias-primas vulneráveis às oscilações dos mercados mundiais.

O que Chris Harman chama de "mudança do capitalismo nacional para o capitalismo multinacional" em nível global gerou, dessa maneira, poderosas forças externas, ameaçando a URSS de estagnação, e mesmo de colapso, a menos que, de alguma maneira fosse aberta a sua economia fechada.[80] Simultaneamente, porém, acumulavam-se pressões internas por mudança, principalmente no tempo em que Brejnev exerceu o cargo de secretário-geral(1964-82). A esse respeito, argumenta Boris Kagarlitsky:

> A era Brejnev é em geral considerada pelos observadores europeus como um período de paralisação política e de estagnação econômica (...) Ao afirmar isso, porém, estamos dizendo apenas meia verdade. A década de 1970 constituiu um período de grandes mudanças sociais e sócio-psicológicas, que teriam conseqüências de grande alcance para a história soviética. Os processos que ocorreram só podem ser comparados, em sua importância, às mudanças sociais que tiveram lugar na Rússia durante o reinado "tranqüilo" de Alexandre III (1891-94) e que prefiguraram a Revolução de 1905 (...) Na década de 1970, uma sociedade industrial foi completada em nosso país, chegou ao fim o processo de urbanização e surgiu uma nova geração, modelada pelas condições de uma vida citadina europeizada.[81]

Foi espetacular a urbanização da URSS na última geração. Em 1960, a população urbana era de apenas 49% do total: em 1985, ela crescera para

65% (70% na Federação Russa). Tão importante como essa tendência geral foi o que Moshe Lewin chamou de "reagrupamento interno dos habitantes, que preferem as aglomerações maiores". As 272 cidades soviéticas com mais de 100 mil habitantes abrigavam em 1980 um terço da população total. O número de cidades com mais de um milhão de habitantes subiu de três em 1959 para 29 em 1980.[82] Essas mudanças fizeram-se acompanhar de uma significativa elevação dos padrões de vida. A esse propósito, observa Jerry Hough:

> A era Brejnev, em particular, foi aquela em que o país se tornou uma sociedade de eletrodomésticos, na qual as pessoas se mudaram de um apartamento de um só cômodo para um apartamento com um dormitório, na qual o consumo de carne (a despeito de uma estabilização temporária em fins da década de 1970) aproximou-se dos níveis britânicos.

Entre 1960 e 1985, os quilos de carne consumidos *per capita* subiram de 39,5kg para 62,4kg, os metros quadrados de espaço residencial urbano *per capita* elevaram-se de 8,9 para 14,3, e as percentagens de famílias que possuíam refrigeradores expandiram-se de 4 para 92, de máquinas de lavar de 4 para 70, e de aparelhos de televisão de 8 para 99.[83] Finalmente, a estrutura social da população urbana tornou-se mais diferenciada e complexa. A classe de operários manuais ficou cada vez mais estável, transformando-se em um grupo que se auto-reproduzia, não sendo mais recrutada principalmente entre imigrantes camponeses, e possuidora de níveis crescentes de qualificação e educação. Tal como acontecia no Ocidente, sua expansão foi superada pela ampla e ambígua categoria de "empregados", compreendendo tanto os trabalhadores de colarinho branco quanto uma *intelligentsia* composta de profissionais altamente qualificados, gerentes de empresas e administradores.[84]

Essas mudanças sócio-econômicas eram consideradas pela liderança do governo Brejnev e seus apologistas como um sinal de que a URSS chegara ao "socialismo maduro" ou "desenvolvido" (uma categoria que encerrava, entre outras coisas, a vantagem de adiar para as calendas gregas a transição para o comunismo). Na verdade, elas agravaram os problemas do regime. Os níveis crescentes de educação e consumo criaram expectativas que não se materializaram. A *intelligentsia* impacientava-se com as restrições impostas pelas estruturas burocráticas, cujas disfunções eram evidentes, e se ressentia com as desigualdades de renda relativamente estreitas, que a deixava em situação financeira inferior à de sua congênere do Ocidente, a "nova classe média". Os operários, igualmente, queixavam-se de baixos padrões de vida, de gerência incompetente e de relações de trabalho repressivas. As mudanças culturais tornadas possíveis pela expansão da educação secundária e superior e pelo desenvolvimento de uma sociedade urbana de consumo criaram uma população culta e sofisticada, impaciente com as mentiras, as distorções e os lugares-comuns servidos pela mídia oficial. Kagarlitsky cita um sociólogo soviético, segundo o qual "o nível cultural das massas tornou-se, em média, durante a década de 1970, um pouco mais alto do que o nível cultural da elite governante."[85] Operários, gerentes e técnicos qualificados alimentavam um forte senso de injustiça social, promovido pelo conhecimento geral dos imensos privilégios materiais desfrutados especialmente por aqueles que faziam parte dos altos escalões da *nomenklatura*.[86] O maior contacto com o Ocidente contribuiu para a percepção cada vez maior de que o "socialismo maduro" estava se atrasando em relação a seus concorrentes supostamente inferiores e estimulou ainda mais o aparecimento de uma cultura extra-oficial, na qual a música *rock* desempenhava um papel importante. Quando Brejnev morreu em novembro de 1982, a ideologia estatal já estava esvaziada, à medida que grandes segmentos da população começavam a optar abertamente por alternativas, que variavam da nova cultura da juventude ao nacionalismo russo tradicionalista, este último tacitamente estimulado por uma das alas da burocracia. A URSS ingressou na década de 1980 sob uma profunda crise de hegemonia.

A modernização autoritária da URSS atingira seus limites. As formas organizacionais que haviam tornado possível a industrialização rápida após 1928 inibiam nesse momento um ulterior desenvolvimento. Simultaneamente, o próprio processo de industrialização criara uma população urbanizada e educada, que não estava disposta a tolerar mais as ineficiências e desigualdades do sistema stalinista. Contra esse pano de fundo, tornaram-se mais agudos os conflitos dentro da burocracia, entre os conservadores e os reformistas, conflitos intrínsecos à vida política soviética desde a morte de Stalin.[87] Permanecem obscuros os alinhamentos de forças e os processos que alçaram Gorbachev ao cargo de secretário-geral do Partido.[88] O que não admite dúvida, contudo, é que as políticas que ele adotou representaram uma tentativa de reagir à crise do sistema stalinista, ainda que mediante reforma e não desmantelamento desse sistema. Muitos membros da esquerda ocidental afirmaram que o programa de Gorbachev era mais radical. Segundo Tariq Ali, "a fim de preservar a União Soviética, Gorbachev precisa completar a revolução política (que já está em andamento), mas uma revolução baseada na abolição de todo o sistema da *nomenklatura* e dos privilégios, sobre o qual repousa o poder da burocracia".[89] Na verdade, a *perestroika*, a reestruturação da economia, bem como da vida política e social em termos mais gerais, assumiu inicialmente a forma de pequenos ajustamentos, destinados principalmente a fortalecer e modernizar os controles centrais — Zhores Medvedev, aliás, descreveu o projeto de Aganbegyan como "uma versão computadorizada da economia de comando" —, acompanhados de uma poderosa retórica de mudança e do estímulo à crítica sob o lema da *glasnost* (abertura). Medvedev sumariou os dois primeiros anos de Gorbachev no poder, dizendo que o secretário-geral "não foi nem um liberal nem um reformista ousado. Ele prefere modificações, métodos administrativos e ajustamentos econômicos a reformas estruturais e políticas".[90] A iniciativa mais ousada de Gorbachev ocorreu inicialmente, na política externa, esfera em que procurou melhorar as relações com o Ocidente na esperança de reduzir o fardo dos gastos com a defesa.

A radicalização das políticas internas de Gorbachev, especialmente após seu discurso de janeiro de 1987 no plenário do Comitê Central do PCUS, poderia ser interpretada como refutação de avaliações como a de Medvedev. O processo mediante o qual os reformadores situados na máquina do governo, evoluíram para medidas políticas e econômicas de alcance muito maior, no entanto, não refletiu qualquer estratégia previamente preparada, mas sim a dinâmica das lutas que se travavam no seio da burocracia. Até mesmo as reformas relativamente moderadas do período inicial de Gorbachev foram, na maior parte, sabotadas pelos *apparatchiks* nos ministérios econômicos. Gorbachev e seus aliados convenceram-se de que só medidas mais radicais poderiam salvar o sistema: o desmantelamento parcial da economia de comando, mediante substituição dos controles "verticais" operados a partir do centro por mecanismos de mercado "horizontais", a fim de coordenar as empresas e compeli-las a se tornarem mais eficientes, bem como a adoção de um alto grau de liberalização política, especialmente sob forma de eleições livremente disputadas para o Partido e os órgãos do Estado. Essas reformas políticas — sobretudo a criação de um novo parlamento, o Congresso dos Deputados do Povo, cuja eleição, em março de 1989, foi a primeira realmente livre desde a Revolução de Outubro — envolveram um apelo dos reformistas ao povo para que os apoiasse na luta contra os conservadores. Esse passo, a decisão de submeter a uma platéia mais ampla as divergências dentro do aparelho estatal, assinalou o momento decisivo no processo da *glasnost*, o momento em que a derrubada revolucionária dos regimes stalinistas tornou-se uma possibilidade real.

O programa de Gorbachev continuou, mesmo depois da radicalização de 1986-87, a ser o de reforma autoritária, uma tentativa de preservar o sistema stalinista através da modernização pelo alto. É claro que não há nenhuma novidade nessa estratégia: ela foi freqüentemente tentada nos dois últimos séculos da história mundial e, na verdade, remonta a uma época ainda mais distante na Rússia, ao tempo de Pedro, o Grande. Reformadores autoritários, no entanto, são vulneráveis a uma contradição diagnosticada por Tocqueville: "O momento mais perigoso para um mau governo ocorre quando ele tenta se emendar."[91] O dilema enfrentado pelo regime reformista é que as mudanças que tenta realizar serão provavelmente radicais demais para muitos de seus partidários, mas tímidas demais para a massa da população. A resultante paralisia de uma classe governante dividida cria condições nas quais pode ocorrer uma revolução popular a partir de baixo. Tocqueville, afinal de contas, baseou sua análise na experiência da Revolução Francesa, que começou como uma tentativa da monarquia absoluta de Luís XVI de reformar-se e foi detonada pela polarização que se seguiu entre a reação aristocrática e a radicalização popular. Chris Harman identificou uma dinâmica semelhante nas várias tentativas feitas para reformar, nas décadas de 1950 e 1960, os regimes stalinistas:

> A fim de tentar vencer os segmentos conservadores da burocracia, que se opunham às reformas na década de 1950, o aparelho político central (ou uma parte dele) procurou mobilizar outros elementos da burocracia. Essa foi a significação real das campanhas anti-stalinistas de 1953, 1956 e 1962, mas eram claros os limites dentro dos quais isso seria possível. Grande parte da resistência conservadora não poderia ser vencida sem o perigo de que o aparelho repressivo dirigido contra o resto da sociedade ficasse paralisado, desencadeando, dessa maneira, forças que poderiam facilmente se voltar contra a burocracia como um todo (como na Alemanha Oriental, em 1953; na Polônia e Hungria, em 1956, na Tchecoslováquia, em 1968-69; e na China, em 1966-67). Na própria Rússia, a burocracia se deteve antes de tomar medidas que poderiam ter esses desastrosos efeitos, de seu ponto de vista.[92]

Em fins da década de 1980, confrontado com uma crise econômica e social muito mais profunda do que a que fora enfrentada pelos governantes da URSS após a morte de Stalin, Gorbachev e seus companheiros reformistas resolveram se arriscar a esses "efeitos desastrosos", fazendo um apelo às massas. Abriram a caixa de Pandora, libertando uma corrente efervescente de forças políticas que ameaçaram a própria existência do sistema stalinista: frentes populares exigindo mudanças democráticas radicais; movimentos nacionalistas das várias repúblicas não-russas, notadamente na região do Báltico e na Transcaucásia, que pressionaram cada vez mais, exigindo independência da URSS; e organizações de operários formadas fora dos sindicatos oficiais, especialmente depois das greves dos mineiros no verão e outono de 1989. Esse processo de radicalização política contribuiu, por seu lado, para estimular movimentos populares na Europa Oriental, premiados, no inverno de 1989, com o colapso dos regimes stalinistas nessa região. A reforma acelerara a revolução. Mas o que pressagiavam essas mudanças?

2.3 REVOLUÇÃO POLÍTICA OU SOCIAL?

Escrevendo pouco antes das sublevações de 1989, Tim Garton Ash descreveu o processo em andamento como uma "refolução", uma mistura singular de reforma e revolução, caracterizada por "um elemento forte e essencial de reforma voluntária, sistemática, por iniciativa de uma minoria esclarecida (mas apenas uma minoria) nos partidos comunistas ainda dominantes", implicando, de forma crucial, "um recuo sem precedentes: a iniciativa de compartilhar poder e mesmo — *mirabile dictu* — de renunciar a ele inteiramente, se perdessem uma eleição".[93] Ash estava pensando nas mesas-redondas que promoveram os entendimentos entre o regime e a oposição, na Polônia e Hungria. A mudança, no entanto, quando chegou à Europa Oriental, mostrou que não era um processo gradual, cuidadosamente controlado a partir de cima, mas uma série de transformações abruptas, alimentadas pela rebelião popular contra o governo burocrático. A reforma a partir de cima e a mobilização de massas a partir de baixo interagiram para provocar, de modo inteiramente inesperado e com extraordinária rapidez, o abandono do monopólio de poder pelos partidos stalinistas e sua substituição por governos comprometidos com a implantação de regimes parlamentares liberais. As agitações na Europa Oriental constituem um exemplo notável do papel de conseqüências não-intencionais na história: os efeitos da ação da "minoria esclarecida" de reformadores nos regimes stalinistas ultrapassou, de longe, suas intenções. Esse resultado concorreu para empurrar Gorbachev e seus aliados para uma postura cada vez mais conservadora, na qual a *glasnost* foi substituída por um autoritarismo reciclado.

Se aceitamos as palavras de Perry Anderson, que definiu a revolução como "um episódio de transformação política convulsiva, comprimido no tempo e concentrado no alvo, que tem um determinado começo — quando o velho aparelho do Estado continua intacto ainda — e um fim definido, quando esse aparelho é decisivamente liquidado e outro construído em seu lugar", poderemos, pelo menos provisoriamente, descrever as sublevações ocorridas na Europa Oriental como revoluções.[94] Uma forma de regime político — o governo stalinista de partido único — foi sendo suplantada, sob pressão popular, por outra — a democracia liberal. Mas qual foi o significado social dessa transformação política? A interpretação mais típica, tanto da esquerda quanto da direita, foi a de que a derrubada do stalinismo na Europa Oriental levaria à restauração do capitalismo. A *New Left Review*, por exemplo, ao mesmo tempo que saudava "a transição para a democracia", temia uma "reestruturação capitalista do Leste europeu" e previa o surgimento de "pressões restauracionistas".[95]

Indubitavelmente, um dos aspectos mais notáveis dos novos governos pós-stalinistas na Europa Oriental foi o compromisso que assumiram com o que poderíamos descrever melhor como políticas econômicas thatcherianas — a integração no mercado mundial, a privatização das empresas estatais, o fechamento de fábricas ineficientes, a abolição de subsídios aos consumidores —, justificadas com recurso à ideologia da nova direita ocidental. Hayek e Friedman, os apóstolos da volta ao *laissez-faire*, despontaram como principais inspirações dos economistas que infestam os novos governos. As panacéias neoliberais, em especial a idéia de que o mercado é uma condição necessária tanto para a liberdade política quanto para a eficiência econômica, foram engolidas com casca e tudo pelos intelectuais de oposição levados ao poder pelas revoluções. Os ex-marxistas dissidentes que lideravam a Associação dos Democratas Livres na Hungria, por exemplo, não cederam a palma a ninguém em seu entusiasmo pelo mercado. A aceitação do mercado, aliás, assumiu uma grande variedade de formas. Vejamos o caso de Václav Havel, descrito por Tim Garton Ash como "notável analista literário-filosófico da experiência da Europa Central sob o comunismo" (embora Ash, de fato, tenha admitido que descobriu "algo ligeiramente preocupante (...) no virtual culto de personalidade", do qual sua própria descrição de Havel constitui um exemplo).[96] O estudo atento dos escritos de Havel revela que ele é, na verdade, do ponto de vista filosófico,um neoconservador romântico muito convencional, cujas opiniões se assemelham às do príncipe Charles e do último Heidegger. Diz ele, por exemplo: "Temos de honrar, com a humildade dos sábios, os limites daquele mundo natural e o mistério que se esconde por trás dele admitindo que há alguma coisa na ordem do Ser que evidentemente se situa além dele." A "política antipolítica" que Havel derivou dessa orientação filosófica levou-o a menosprezar "a questão sobre socialismo e capitalismo" como algo "que emerge das profundezas do século passado". Essa evasiva não o impediu de, em última análise, optar pelo mercado: "Se pudermos defender nossa humanidade, haverá talvez alguma esperança de podermos também descobrir alguma maneira mais significativa de equilibrar nossos direitos naturais de participar do processo decisório econômico, e de um *status* social respeitável, com a experimentada força propulsora de todo trabalho humano: a iniciativa humana concretizada em transações de mercado autênticas.[97]

Aquilo que Neal Ascherson descreve vivamente como "confusão mental" da "antipolítica", a afirmação feita pela oposição da Europa Oriental, em meados da década de 1980, de que havia transcendido a divergência entre esquerda e direita, mostrou ser apenas um estágio transitório entre sua crença anterior de que os Estados stalinistas podiam ser gradualmente reformados e sua emergência como coveiros neoliberais e herdeiros desses Estados em 1989, embora sobrevivessem vestígios, como, por exemplo, nos esforços de Havel e de seus colegas no Fórum Cívico, de amortecer o impacto da sujeição da Tchecoslováquia às disciplinas do mercado.[98] O programa econômico thatcheriano, que representou a tentativa dos novos governos de subordinar suas economias "à experimentada força propulsora de todo trabalho", implicaria, contudo, reduções no emprego e nos padrões de vida que, se ocorressem, colocariam sob luz pouco favorável as realizações dos governos da nova direita no Ocidente. Enquanto prosseguia na Tchecoslováquia a "revolução de veludo", o *Financial Times*, em novembro de 1989, informava que "os thecos voltam-se para os economistas em busca de salvação", notando a popularidade de economistas neoliberais como Valtr Komarek, Václav Klaus e Milos Zeman. Havia alguma coisa de vampiresco no bom humor com que esses "peritos", às vesperas de subirem ao poder (Komarek tornou-se primeiro vice-primeiro-ministro, e Klaus, ministro das Finanças no novo governo), prometiam austeridade econômica como prêmio da revolução política. O *Financial Times* destacou "um tema comum, a troca de um período de queda nos padrões de vida por democracia, talvez, pensa o sr. Zeman, de ordem de 30% a 50%. Eles contam não só com um transbordamento de entusiasmo democrático, mas também com o senso de orgulho nacional".[99] Tampouco foram mera retórica as projeções de um arrocho econômico. A sujeição da economia polonesa, em dezembro de 1989, a uma "cura de choque", aplicada pelo ministro das Finanças, Leszek Balcerowicz, compreendendo um orçamento equilibrado e a abolição dos controles de preços e subsídios, provocou uma redução de 36% na renda real apenas em janeiro de 1990.[100]

Teriam sido as políticas pró-mercado dos governos pós-stalinistas um aspecto da restauração do capitalismo na Europa Oriental? Responder na afirmativa implicaria dizer que algum tipo de sistema social pós-capitalista prevalecera antes das revoluções de 1989. Essa análise, no entanto, foi desmentida pela extraordinária facilidade com que o stalinismo foi eliminado da Europa Oriental. Trotsky, por exemplo, argumentara que a restauração do capitalismo na URSS exigiria "a intervenção de cirurgia militar":

> A tese marxista relativa ao caráter catastrófico da transferência de poder de uma classe para outra aplica-se não só aos períodos revolucionários, quando a história arremete loucamente para a frente, mas também a períodos de contra-revolução, quando a sociedade rola para trás. Quem afirma que o governo soviético mudou *gradualmente* de proletário para burguês está apenas, por assim dizer, rodando para trás o filme do reformismo.[101]

O emprego por Trotsky da idéia de que a substituição de um sistema social por outro é necessariamente violenta, a fim de argumentar que a URSS era ainda um Estado proletário degenerado sob Stalin, ignorou a selvageria praticada nas transformações que ocorreram após 1928: Cliff, por exemplo, descreve a década de 1930 como uma "guerra civil da burocracia contra as massas, uma guerra civil na qual apenas um dos lados tinha armas e organização".[102] As revoluções de 1989, por mais abruptas e dramáticas que tenham sido, notabilizaram-se pela ausência de conflitos sociais e violência em grande escala. A confrontação entre manifestantes e polícia na Alemanha Oriental e na Tchecoslováquia envolveu um nível de violência semelhante ao alcançado nos choques entre os esquadrões antimotim e os mineiros em greve na Grã-Bretanha. Na Polônia e Hungria até mesmo o fator de mobilização de massa brilhou pela ausência: quarenta anos de governo stalinista, mantido pela força contra os conselhos de operários em Budapeste em 1956 e contra o Solidariedade em 1981, sumiram nas conversações entre os regimes e aqueles que esses regimes haviam mantido por longo tempo nas prisões. Sem dúvida, isso resultou, em parte, da recusa da URSS de apoiar a repressão dos movimentos democráticos na Europa Oriental. Ou, como observa Tim Garton Ash: "A Romênia foi a exceção que confirma a regra. Não foi um acidente que, no Estado que por mais tempo se mantivera independente de Moscou, a resistência da segurança armada das autoridades constituídas se mostrasse mais feroz, sanguinária e prolongada."[103]

Mas a substituição da doutrina Brejnev pela doutrina Sinatra ("Fiz isso à minha maneira") — ou seja, a maneira como o porta-voz do Ministério do Exterior soviético, Gennady Gerasimov, descreveu o modo como Gorbachev, de repente, puxou o tapete de fregueses fiéis como Honnecker e Jakes — não consegue explicar o entusiasmo com que grandes segmentos da *nomenklatura* reinante receberam a abertura da Europa Oriental para o mercado. A fim de compreender esse ponto, temos que levar em conta a natureza desse grupo, que Jacek Kuron e Karol Modzelewski chamaram de "burocracia política central".[104] Um estudo sobre a elite soviética informa que ela totalizava (em inícios da década de 1970) cerca de 227 mil pessoas, em cargos importantes ou da *nomenklatura*, todos eles titulares de significativos privilégios materiais: altos funcionários do partido, dos ministérios, do Konsomol, dos sindicatos, das forças armadas, da polícia e do serviço diplomático; principais administradores de empresas públicas; e intelectuais de alto gabarito (professores universitários, chefes de institutos de pesquisa, editores de jornais e revistas etc.).[105] Numerosos outros estudos comprovam a dimensão a que chegou a *nomenklatura* como organização administrativa: não apenas os que servem nos ministérios industriais e dirigem as empresas públicas, mas também no aparelho do Partido, notadamente nas secretárias regionais (*obkom*), às quais cabem funções importantes de coordenação econômica e que se ocupam principalmente da administração da economia.[106] O caráter da burocracia política central na Europa Oriental era basicamente o mesmo.

O papel fundamental da *nomenklatura* na gestão da economia obrigou muitos de seus membros a enfrentar a crise cada vez maior do modelo burocrático. Diretores de empresas públicas e secretários regionais sentiram-se provavelmente impacientes com as restrições que lhes eram impostas pelos ministérios industriais e planejadores centrais e se melindrariam com a caça incessante de operários de insumos materiais criada pelas carências endêmicas. Simultaneamente, o envolvimento crescente das economias do Leste europeu com os mercados mundiais — a despeito do ritmo lento da reforma econômica após a queda de Khrushchev e Dubcek, a Polônia e a Hungria, em especial, tomaram grandes empréstimos no Ocidente e fizeram esforço para pagá-los com crescentes exportações geradoras de divisas — acostumaram gerentes à cooperação com empresas ocidentais. Apesar dos esforços do regime de Honnecker para reduzir o comércio com o Ocidente, a fim de evitar o tipo de crise de endividamento experimentada pela Polônia e Hungria na década de 1980, 30% do comércio da Alemanha Oriental, na véspera da revolução, eram feitos com os países da OCDE.[107] A necessidade de tecnologia avançada impôs o estímulo a empreendimentos conjuntos com firmas do Ocidente: em meados de outubro de 1989, subia a 2.090 o número desses empreendimentos registrados na URSS, Hungria, Polônia, Tchecoslováquia, Romênia e Bulgária.[108] A experiência da crise de suas próprias economias, e das vantagens decorrentes da internacionalização do capital, encorajou os gerentes mais bem-sucedidos — como, por exemplo, os que dirigiam os *Kombinate*, os conglomerados das 126 empresas industriais verticalmente organizadas que dominavam a Alemanha Oriental — a pensar que seu futuro estaria ligado ao desmantelamento do sistema burocrático de comando e a uma maior integração com as multinacionais do Ocidente.

O *Financial Times*, por exemplo, informou em janeiro de 1980:

> Os gigantescos monopólios de propriedade do Estado da Alemanha Oriental serão transformados em sociedades anônimas por ações, com acionistas do Oriente e Ocidente, se o sr. Friedrich Wokurka, diretor-gerente da Robotron, a maior companhia de produtos eletrônicos do país, tiver alguma voz no assunto. "Se os mercados financeiros internacionais se abrirem para a República Democrática Alemã, esta terá igualmente que se abrir para eles", disse o sr. Wokurka ao *Financial Times*. "Não pode haver meias medidas."

A entrevista continuava e Wokurka,"membro do Partido como quase todos os gerentes de empresas estatais", explicava ainda que seu

> entusiasmo pela economia de mercado não era tão novo assim (...) Mas, até bem pouco tempo, isso era algo que ele só podia dizer na privacidade de seu próprio lar. Tal como um bom número de outros diretores de *Kombinate*, ele ficava uma fera quando lia artigos escritos por economistas da Alemanha Oriental que defendiam "um terceiro caminho" para o país — entre socialismo e capitalismo.[109]

Wokurka nada tinha de excepcional. A abertura do Muro de Berlim foi seguida por uma inundação de empreendimentos conjuntos negociados entre multinacionais da Alemanha Ocidental e os *Kombinate* da Alemanha Oriental — entre Volkswagen e Opel e a IFA-Kombinat (automóveis), a Pilz e a Robotron (discos compactos), a Zeiss e a VEB Jena (produtos ópticos), entre muitas outras.[110]

Negócios desse tipo — mais espetaculares na Alemanha Oriental por causa de sua economia relativamente avançada e da incorporação iminente à República Federal — davam indicações do caráter ainda limitado das mudanças sócio-econômicas que ocorriam no Leste europeu. Partes substanciais da velha classe dominante estavam abandonando o velho sistema autárquico em troca de integração no capital internacional. Chris Harman descreveu isso como "mover-se para os lados", ou seja, a mudança de uma variante do capitalismo para outra, do capitalismo burocrático de Estado para o capitalismo multinacional.[111] Isso implicava não tanto a eliminação completa do capitalismo de Estado — afinal de contas, a intervenção estatal continua a ser aspecto fundamental das economias do Ocidente —, mas um processo de reestruturação econômica e social, que permitiria a grande parte da *nomenklatura* transformar-se de *apparatchiks* em executivos privados, seja de firmas de propriedade local ou de subsidiárias de multinacionais ocidentais.

A organização resultante implicaria grandes mudanças nas estruturas econômicas. Uma entrevista concedida ao *Financial Times* pelo presidente do Conselho de Administração da Volkswagen, Carl Hahn, sugeria que seu empreendimento conjunto com a IFA-Kombinat levaria ao desmantelamento de fato do cartel da Alemanha Oriental:

> Atualmente, a indústria automobilística da Alemanha Oriental ainda está integrada verticalmente em um grau que há muito não se vê no Ocidente. A IFA-Kombinat inclui tudo, da montagem do veículo a virtualmente toda a faixa de autopeças. "Essa situação implica o mais alto grau de ineficiência", diz o sr. Hahn.[112]

Em termos mais gerais, os esforços realizados até mesmo pelas economias capitalistas de Estado mais bem-sucedidas, no sentido de instalar dentro de suas fronteiras todas as indústrias requeridas pelo desenvolvimento autárquico, impediram-nas de colher os benefícios da divisão internacional de trabalho. Ou, ainda de acordo com o *Financial Times*,

> A Carl Zeiss Jena, uma das principais companhias de alta tecnologia da República Democrática Alemã, desenvolveu um *chip* de um megabyte ao custo de 14 bilhões de marcos (4,6 bilhões de libras esterlinas), ou mais de 20% dos investimentos anuais totais da Alemanha Oriental (...) Especialistas ocidentais reconheceram a façanha, mas lembraram que, ao contrário da Siemens, na Alemanha Ocidental, que conseguiu rapidamente obter

produção em grande volume de seus próprios *chips* e pôde usá-los em seus próprios produtos, a Alemanha Oriental poderia ter-se saído muito melhor financeiramente comprando os *chips* por preço muito mais barato no mercado mundial.[113]

A transição do capitalismo de Estado para o multinacional exigiria, portanto, o desmonte de muitas das estruturas organizacionais construídas para promover o desenvolvimento econômico fora do mercado mundial. Numerosos gerentes dos países do Leste, no entanto, emergiriam desse processo como beneficiários, especialmente se, como no caso dos chefões dos *Kombinate*, pudessem alimentar a esperança de se ligarem a um dos centros de poder da economia mundial. Poderia haver também grandes perdas entre os gerentes menos competentes e ágeis e, talvez, principalmente no aparelho econômico central do velho sistema de comando burocrático. Toda a história do capitalismo, porém, é de reestruturações, nas quais são eliminados os membros menos eficientes da própria classe dominante. As décadas de 1970 e 1980, aliás, foram de enorme convulsão no Ocidente, envolvendo grande reorganização de estruturas empresariais, como reação a recessões globais, concorrência internacional mais violenta e o auge em especulações financeiras. As mudanças no Leste foram, em numerosos aspectos, uma versão concentrada do mesmo processo, na medida em que o último e mais forte reduto do desenvolvimento econômico autárquico, que fora a norma global entre as décadas de 1930 e 1950, abriu-se finalmente.

O significado social das revoluções no Leste europeu foi obscurecido pelo seu aspecto mais visível, o colapso dos Estados stalinistas de partido único. Uma classe economicamente dominante, porém, precisa ser distinguida da forma política específica através da qual consolida sua coesão e mantém seu domínio sobre a sociedade. A burguesia alemã permaneceu economicamente preponderante durante todo este século, a despeito da sucessão de mudanças nos regimes políticos: o Segundo Reich quase-absolutista, a República de Weimar parlamentarista, a ditadura nazista e, finalmente, a Bundesrepublik. A relação entre classe dominante e regime político foi muito íntima durante o stalinismo; o próprio nome freqüentemente dado a essa classe referia-se ao sistema da *nomenklatura*, através do qual a liderança do Partido fazia nomeações para os principais cargos. Ainda assim, o Estado de partido único proporcionava o arcabouço político mediante o qual a classe dominante de burocratas, gerentes, generais e membros da polícia secreta exerciam seu poder social. A diferença entre o partido e a classe dominante foi dramaticamente demonstrada durante o auge do Solidariedade em 1980-81. Sob pressão da revolta da classe operária, as estruturas do governo de partido racharam e o próprio partido desintegrou-se. O Estado, contudo, não desmoronou;

em especial, os aparelhos repressivos do Exército e dos serviços de segurança resistiram e forneceram as estruturas de comando e os recursos coercitivos necessários para montar o golpe de Estado de dezembro de 1981. Um dos aspectos notáveis das revoluções de 1989 foi o pouco em que afetaram o aparelho repressivo do Estado. Na verdade, em alguns casos, os militares ajudaram a promover a mudança. Na Polônia, o General Jaruzelski, o arquiteto do golpe de 1981, e o ministro do Interior e administrador-chefe da lei marcial, General Kiszczak, desempenharam um papel crucial nas conversações com o Solidariedade e na formação do governo de coalizão de Mazowiecki (sob o qual continuaram a exercer seus cargos). Na Romênia, a decisão dos chefes do Exército de apoiar o levante popular contra um regime cujo caráter dinástico, pessoal, o isolara até mesmo do grosso da *nomenklatura*, garantiu o sucesso da Revolução do Natal. A própria polícia secreta não deu nenhum sinal de que ia simplesmente desaparecer. A Stasi, da Alemanha Oriental, foi a que sofreu maior pressão (embora o Novo Fórum da oposição tentasse defender suas instalações contra a fúria popular); mas, em outros países, aparentemente, os velhos aparelhos de segurança — a StB na Tchecoslováquia e mesmo a Securitate romena — continuaram a funcionar sob o novo governo. Ao contrário do que Perry Anderson dizia ser requerido por uma revolução, o "aparelho do velho Estado" não foi "decisivamente eliminado" pelo colapso do stalinismo.

A continuidade substancial dos aparelhos centrais do poder do Estado e do pessoal da própria classe dominante indica os limites das sublevações políticas na Europa Oriental. Elas representaram mais uma mudança no regime político do que no sistema social. Trotsky, aliás, traçara uma importante distinção entre as "revoluções sociais", tais como as "que substituíram o regime feudal pela burguesia", e as "revoluções políticas que, sem destruir as fundações econômicas da sociedade, varreram a velha crosta reinante (1830 e 1848 na França, fevereiro de 1917 na Rússia)".[114] Acreditava ele que a derrubada do stalinismo pelo povo equivaleria a uma revolução daquele tipo, uma vez que deixaria intactas as "fundações econômicas" do Estado proletário estabelecido em outubro de 1917, e não destruídas, a despeito de sua subseqüente degeneração burocrática. Os regimes stalinistas da Europa Oriental foram, de fato, derrubados por revoluções políticas, mas não do tipo esperado por Trotsky. O modo capitalista de produção, cuja forma burocrática estatal-capitalista fora estabelecida na URSS durante a contra-revolução de Stalin em 1928-32, e estendida à Europa Oriental após 1945, permaneceu dominante após as revoluções. O desfecho dessas revoluções consistiu em gerar uma reorganização política da classe dominante, que permitirá às economias do Leste europeu uma plena integração no mercado mundial e a reestruturação requerida pela transição do capitalismo de Estado para o capitalismo multinacional.

Naturalmente, os milhões que saíram às ruas em toda a Europa Oriental no outono e inverno de 1989 não agiram assim por que queriam "mover-se para os lados", ou seja, passar de uma variante do capitalismo para outra. Assumiram os grandes riscos envolvidos, especialmente na primeira fase dos movimentos populares, porque seus governantes haviam ficado visivelmente enfraquecidos com as mudanças que ocorriam na URSS. Inspirados pelo exemplo e pelos seus próprios sucessos, desenvolveram um crescente senso de autonomia, de capacidade de refazer suas próprias vidas. O triunfo que obtiveram foi um grande ato de autolibertação que, tanto em si mesmo quanto por causa das maiores liberdades políticas que trouxe, não podia deixar de ser aclamado e celebrado. Inevitavelmente, porém, os movimentos populares na Europa Oriental haviam sido profundamente influenciados pelo que se tornara consensual tanto entre intelectuais pró-regime quanto de oposição, como resultado da decadência progressiva da ideologia "marxista-leninista": a idéia de que as economias de mercado que prevaleciam no Ocidente proporcionavam o único contexto para a liberdade política e o progresso material.

Tudo indicava que essas esperanças seriam frustradas. Dois relatórios datados de abril de 1990 enfatizaram as dificuldades por que passava a reestruturação das economias da Europa Oriental. O Instituto de Finanças Internacionais observou que a Europa Oriental, com 2,5% da população do mundo, 2% da produção mundial, exportações equivalentes a três quartos das de Hong Kong, e um endividamento em moedas fortes que já equivalia a um quarto da dívida da América Latina, dificilmente constituía uma zona muito atraente para investimentos ocidentais. Era provável que novos empréstimos privados só ocorressem em volume limitado, enquanto os investimentos diretos das multinacionais ocidentais seriam altamente seletivos e concentrados nas economias mais avançadas, Alemanha Oriental, Hungria e Tchecoslováquia.[115] A Comissão da ONU para a Europa levantou dúvidas sobre a capacidade das economias do Leste europeu de absorver o tipo de ajuda estatal prometida pela Comunidade Européia. Manifestou ainda preocupações com as conseqüências sociais da reestruturação, advertindo, de acordo com o *Financial Times*, que o "consenso social em favor da reforma poderia ser ameaçado se os ganhos iniciais de duras medidas de reestruturação fossem usados para pagar o serviço da dívida externa, e não para investimentos internos e consumo privado". A privatização poderia "simplesmente transformar um monopólio público em privado" e "levar a grandes transferências de riqueza, ou para os velhos gerentes e ex-membros da *nomenklatura* ou para os recém-chegados do Ocidente".[116]

É pouco provável que o futuro imediato da Europa Oriental seja alguma versão idealizada das democracias liberais mais prósperas do Ocidente (a Alemanha Ocidental ou a Suíça); o mais provável é uma condição que se aproxime daquela das economias latino-americanas mais desenvolvidas. Países como o Brasil e a Argentina experimentaram, em meados da década de 1980, a substituição de ditaduras militares por regimes parlamentares. Essa liberalização política, no entanto, ocorreu contra o pano de fundo da crise de endividamento, que levou a medidas de austeridade, cortando-se produção, renda e emprego. Os novos regimes parlamentares, por conseguinte, nasceram fracos, procurando gerir a profunda crise social criada pela pauperização em grande escala e confrontando-se com desafios políticos, tanto de direita (os militares argentinos) como de esquerda (o poderoso e militante movimento operário do Brasil). Os novos regimes da Europa Oriental, com toda probabilidade, assumirão também a forma de democracias liberais fracas, ameaçadas por instabilidade social e política em grande escala; um futuro que lembra o passado da região nos anos entre as guerras, quando os novos Estados criados pelo colapso dos impérios centro-europeus oscilaram, na sua maior parte, entre regimes parlamentares fracos e ditaduras militares.

Os governos pós-stalinistas, no entanto, gozam de uma vantagem importante, isto é, foram recrutados principalmente entre os velhos movimentos de oposição.

A respeito da Polônia, observou Tim Garton Ash:

> O primeiro-ministro, o ministro do Trabalho, o Clube dos cidadãos, o editor-chefe do *Gazeta Wyborcza*, para não falar de Lech Walesa, foram inquestionavelmente homens do Solidariedade. Se neste momento apelaram para os operários — "Não entrem em greve! Aceitem o fechamento de fábricas! Conformem-se com um corte nos salários reais! —, terão melhores chances de serem ouvidos do que qualquer outra pessoa, isto porque os trabalhadores sabem que esses homens, acima de quaisquer outros, lutaram por seus direitos nos últimos dez anos.[117]

A situação resultante foi plena de ironias. Ex-marxistas como o Ministro do Trabalho, Jacek Koron, e o editor do *Gazeta Wyborcza*, Adam Michnik, opuseram-se a greves contra as medidas de austeridade, que eram apoiadas pelos OPZZ, os velhos sindicatos stalinistas. Embora o enorme capital político do governo de Mazowiecki lhe permitisse conservar o apoio popular a medidas de reestruturação que seu predecessor stalinista sob Mieczyslaw Rakowski não conseguira implementar, o grande entusiasmo de 1980-81 já era coisa do passado. O Solidariedade, legalizado mais uma vez, só conseguiu atrair dois milhões de membros, uma pequena fração dos dez milhões que congregara em seu auge. Integrar as economias do Leste europeu no mercado mundial implicaria evidentemente grandes reduções no emprego e nos padrões de vida; esperava-se que a incorporação da Alemanha Oriental à República Federal causasse um aumento de desemprego de dois milhões, ou 20-25% da força de trabalho da primeira.[118] Até mesmo um governo tão popular como o do ungido Václav Havel hesitou antes de tomar medidas desse tipo: os dois principais ministros da área econômica no governo da Tchecoslováquia, Komarek e Klaus, discordavam frontalmente sobre a rapidez com que deviam ser implementadas as medidas de austeridade. A política dos novos regimes do Leste europeu começou a se fragmentar na primavera de 1990, a despeito da convicção geral de que a transição para a economia de mercado era a única maneira de progredir: os adeptos fanáticos de Hayek e Friedman enfrentaram uma grande variedade de forças, que tentavam moderar o impacto da "terapia de choque" thatcheriana: social-democratas como Havel e Michnik, nacionalistas autoritários como Walesa e o Fórum Democrático Húngaro, bem como os reconstruídos partidos stalinistas, que em alguns casos (por exemplo, na Tchecoslováquia e na Alemanha Oriental) conservaram uma base popular, explorando os receios justificáveis criados pelas novas medidas de austeridade do governo. Os conflitos resultantes — que, na Polônia começaram a rasgar de cima a baixo o Solidariedade — tornar-se-ão, com toda probabilidade, ainda mais polarizados no futuro. Os choques em Bucareste, ocorridos em junho de 1990, entre mineiros leais à Frente de Salvação Nacional, que estava no poder e que havia quase que lhes triplicado os salários, e os democratas radicais contrários à consolidação do poder da *nomenklatura* sob novo disfarce, foram de enormes proporções. Após sua liberação, a Europa Oriental confrontou-se não com a perspectiva de uma democracia capitalista próspera e satisfeita, mas com um futuro de crise econômica, conflito social e instabilidade política.

A mesma contradição entre liberalização econômica e política fez-se sentir na URSS. As condições de uma transição política para a democracia liberal eram muito menos favoráveis do que na Europa Oriental. A economia soviética, muito maior e mais auto-suficiente do que as do Leste Europeu, é também muito mais isolada dos mercados mundiais. As exportações do país, em 1988, foram de US$110,51 bilhões, em comparação com um produto interno bruto de US$2.154,8 bilhões. Além do mais, as exportações em moedas totalizaram meros US$39 bilhões, muito menos do que as de Taiwan (Formosa) ou da Suécia, e apenas 47% das quais eram de bens manufaturados.[119] As enormes indústrias do país estavam estreitamente integradas nas estruturas de economia de comando burocrático. Agilizar essas estruturas, para conseguir as elevações de produtividade, que a participação na divisão de trabalho internacional tornam possíveis implicaria profunda desorganização e solaparia o poder de uma *nomenklatura* com 60 anos de experiência na administração de uma vastíssima economia fechada. A resistência conservadora na burocracia, por conseguinte, foi muito mais forte do que na Europa Oriental; e, claro, não havia nenhuma potência externa cuja retirada de apoio pudesse quebrar a resistência dessas estruturas, ou o destino encontrado por Honecker e Jakes nas mãos de Gorbachev.

Simultaneamente, a enorme radicalização popular que varreu a URSS em fins da década de 1980 pôs em risco tanto a posição dos conservadores quanto a dos reformadores. Os movimentos separatistas na Transcaucásia e nas Repúblicas bálticas ameaçam cindir a URSS. Os democratas radicais das Frentes Populares na própria Federação Russa estavam minando o controle dos chefes de partido locais. E, pior que tudo, havia a crise econômica. As tentativas de enxertar mecanismos de mercado na economia de comando burocrático oferecia o pior dos dois mundos: as velhas estruturas se desgastaram sem que outras emergissem para substituí-las. Em 1989, o PIB caiu. As greves dos mineiros em julho e agosto daquele ano evocaram a ameaça de um Solidariedade soviético. Durante as greves na Sibéria, um gerente de mina disse o seguinte: "O povo não recebeu o que lhe foi prometido. As pessoas nada têm que valha a pena, nem habitações, nem alimentos, nem meios de lazer."[120] Queixas econômicas podiam facilmente adquirir um viés político. Os mineiros que entraram em greve em Vorkuta, em novembro de 1989, exigiram não melhoramentos em salários e condições de trabalho, mas a revogação do artigo 6 da Constituição soviética, que garantia o monopólio político ao Partido Comunista. As próprias revoluções no Leste europeu devem ter ocupado a mente de toda a burocracia, enquanto contemplava o destino de Erich Honecker e Nicolae Ceausescu.

Dificilmente surpreende que, nessas circunstâncias, a ala conservadora da *nomenklatura* se tornasse crescentemente dogmática. No plenário do Comitê Central, realizado em fevereiro de 1990, ouviram-se ferozes ataques a Gorbachev., notadamente o desfechado pelo embaixador na Polônia, Vladimir Brovikov, que perguntou: "Dizem que o povo apóia a *perestroika*, mas, que *perestroika*? A que, nos últimos cinco anos, nos lançou na crise, na anarquia e na decadência econômica?"[121] O chefe do Partido em Leningrado, Boris Gidaspov, pediu a formação de um Partido Comunista Russo separado, a fim de combater a ascensão dos movimentos nacionalistas na Transcaucásia e na região báltica.[122] Os conservadores deram ainda seu apoio aos grupos nacionalistas russos de direita, as várias facções vociferantes do movimento neofascista Panyat; mais importante ainda, apoiaram uma rede de clubes "militares-patrióticos" para a juventude, liderados por veteranos da guerra afegã e favorecidos pelo Comitê Central do Konsomol, bem como a Frente Unida dos Trabalhadores da Rússia (OFT), que procurava explorar o descontentamento gerado pelas políticas econômicas de Gorbachev.[123] Ainda assim, os conservadores não romperam com Gorbachev e, na verdade, votaram no plenário de 1990 para riscar o artigo 6º e terminar o monopólio do Partido: o único voto contra essa decisão veio do democrata radical Boris Yeltsin, mas porque ela não ia suficientemente longe. A votação foi recebida com euforia pelo Ocidente; o *Independent* de Londres publicou a notícia sob uma manchete: "Fim do Estado Comunista".[124] Essa reação escondeu as considerações reais implicadas na revogação do artigo 6º: a aceitação relutante do fato de que um sistema multipartidário estava, de qualquer maneira, se desenvolvendo, o que se tornou mais palatável para os conservadores por causa do curso cada vez mais autoritário seguido pelo próprio Gorbachev.

Vinte anos antes, Chris Harman havia observado que a luta entre reformistas e conservadores nos regimes stalinistas na Europa Oriental

> permite, e mesmo encoraja, que classes extraburocráticas (acima de tudo, os operários) se mobilizem, inicialmente por trás dos lemas da "burocracia reformista", mas cada cada vez mais por sua própria conta(...) Os "reformadores", tendo assumido o poder, tentam enfrentar a tempestade. Mas só podem fazê-lo reforçando a estrutura de classe básica da sociedade. Isso implica destruir todos os ganhos que os trabalhadores tenham por acaso obtido. No início, é usado o método "frio" da hegemonia ideológica (como, por exemplo, Gomulka fez com sucesso, e Nagy, sem sucesso, em 1956, e Dubcek em 1968); se isso fracassa, segue-se a aplicação do método "quente" da repressão armada, com respaldo das tropas russas (Kadar em 1956, Husak em 1969).[125]

Embora os desafios aos reformadores soviéticos, em fins da década de 1980 e princípios da de 1990, tenham partido de várias frentes, e não simplesmente dos operários, a dinâmica analisada por Harman pode ser comprovada no movimento regular de Gorbachev em direção ao emprego de métodos "quentes", a fim de restabelecer a estabilidade. Entre os primeiros sinais dessa reorientação, figurou sua decisão de alijar Yeltsin, nessa ocasião o reformador mais desabrido na liderança do Partido, em outubro de 1987. Em 1989, Gorbachev tolerou a derrubada do stalinismo na Europa Oriental, mas aplicou uma repressão cada vez maior na própria URSS: por exemplo, com o ataque brutal de tropas à demonstração nacionalista em Tiblisi, em abril, com a introdução de legislação que punia severamente os organizadores de "demonstrações não autorizadas" e limitava o direito de greve. Essas medidas não permitiram ao centro restabelecer seu controle, mas a verdade é que outros passos foram dados para o emprego de formas mais rigorosas de coerção, como, por exemplo, a transferência de unidades de elite do Exército, retiradas do Afeganistão, para as forças de segurança interna da KGB e do Ministério do Interior.

O momento decisivo nessa mudança para "métodos quentes" ocorreu indubitavelmente em janeiro de 1990, quando Moscou enviou uma grande força militar para assumir o controle de Baku, a capital do Azerbeidjã. O pretexto para a intervenção armada foi dado pela luta entre armênios e azerbeidjenos pela disputa da região de Nagorno-Karabakh: a ocupação militar de Baku foi tornada necessária, segundo essa versão, para impedir que ocorressem *pogroms*, tema este escolhido com cuidado para ser engolido facilmente em Washington e outras capitais ocidentais, obcecadas com o fundamentalismo islâmico, uma vez que os azerbeidjenos são muçulmanos, e os armênios, cristãos. O objetivo real da operação, na verdade, foi o de esmagar o movimento de independência no Azerbeidjã, liderado pela Frente Popular, cuja crescente militância foi demonstrada pela reação dos azerbeidjenos à queda do Muro de Berlim, que consistiu em derrubar as cercas que separavam a sua república daquela do Irã. O Ministro da Defesa da URSS, General Dimitri Yazov, deixou escapulir a verdade quando disse ao *Izvestia* que a Frente Popular assumira o poder no Azerbeidjã e que "nossa tarefa (...) consiste em destruir essa estrutura de poder".[126] Essa clara indicação da disposição de Moscou de usar a força para manter coesa a URSS foi seguida por pressões crescentes contra os movimentos de independência das Repúblicas bálticas.

A eleição de Gorbachev, em março de 1990, para o novo cargo de presidente-executivo, armado de extensos poderes de emergência, incluía-se no mesmo processo. O Congresso dos Deputados do Povo, e seu órgão permanente, o Soviete Supremo, desfrutavam de uma legitimidade muito maior do que as velhas estruturas do Partido graças à sua origem em eleições relativamente livres. Ao associar-se pessoalmente cada vez mais com um Estado parcialmente liberalizado, Gorbachev pôde adquirir maior autoridade para suas políticas. Além do mais, dissociando-se do Partido, e criando novos órgãos decisórios estatais, como o Conselho Presidencial, ganhou condições para contornar alguns dos obstáculos levantados contra as reformas pelos conservadores na burocracia. Em novembro de 1989, Leonid Abalkin, o vice-primeiro-ministro responsável pela reforma econômica, divulgou propostas para "a desnacionalização regular da propriedade", o ajustamento gradual dos preços aos níveis do mercado mundial, a criação de mercados financeiro e monetário, bem como o incentivo aos investimentos externos.[127] A implementação dessas medidas, porém, foi bloqueada pelo primeiro-ministro, Nikolai Ryzkov, que, em vez disso, propôs, em princípios de dezembro, um pacote de emergência fortalecendo o controle do centro sobre os investimentos das empresas, a formação de preços e o comércio externo, e adiou aumentos nos preços oficiais até 1992.

Essa relutância em levar a cabo o tipo de reestruturação já em andamento na Europa Oriental não refletia simplesmente os direitos adquiridos da burocracia nos ministérios industriais e agências de planejamento. Reformadores e conservadores, por igual, estavam apavorados com a reação de uma população já enfurecida com as privações econômicas, que acompanhavam a retórica da *perestroika*, as dispensas em grande escala de empregados e os aumentos de preços. Uma dessas reações assumiu a forma do que Boris Kagarlitsky chamou de "stalinismo de mercado". Citou como exemplos os economistas Igor Klyamkin e Andrank Migranyan, que argumentavam que "a única maneira de implementar uma reforma econômica liberal é a criação de um regime forte, autoritário, capaz de reprimir eficazmente a resistência das massas".[128] A ascensão de Gorbachev à Presidência executiva assinalou uma mudança de sua parte, levando-a à aceitação de tal estratégia. Seu assessor pessoal, Nikolai Petrakov, nomeado em fevereiro de 1990, defendeu a criação de "uma economia de mercado normal", compreendendo a destruição dos "supermonopolistas soviéticos" dos ministérios industriais, uma "drástica redução nos programas de investimento do Estado", elevações dos preços e arrocho dos salários.[129] Um economista que fazia parte do parlamento previu, em abril de 1990, que o governo implementaria reformas que duplicariam os preços em inícios do ano seguinte e acabariam com dez milhões de empregos.[130] Constituiu talvez uma indicação do autoritarismo requerido para forçar a aprovação dessas medidas o fato de que Gorbachev incluísse, em seu novo Conselho Presidencial, representantes da extrema direita, tal como o escritor (adequadamente batizado) Valentin Rasputin.

Gorbachev, dessa maneira, assumiu cada vez mais o tipo de papel analisado pela teoria marxista clássica do bonapartismo: uma figura que concentrava nas mãos um poder executivo enorme, à medida que procurava o equilíbrio entre as principais forças sociais e políticas, reformadores e conservadores, massas e burocracia. A oposição democrática radical, representada pelo Grupo Inter-Regional de Deputados, foi impedida de desafiar eficazmente a direção para a qual ele parecia estar levando a URSS por causa de sua própria aceitação da ideologia liberal. Por isso mesmo, Yeltsin, elevado à presidência da Federação Russa em maio de 1990, renunciou definitivamente até mesmo a manifestações hipócritas de respeito à ideologia marxista-leninista, declarando: "Apóio a propriedade privada dos meios de produção e da terra", pedindo um "novo modelo" que abrangesse "as realizações da democracia ocidental". [131] Mas havia também correntes em sentido contrário. Gorbachev descreveu as greves dos mineiros em julho e agosto de 1989 como "talvez o pior desastre que aconteceu em nosso país em quatro anos de reestruturação".[132] As dificuldades e desencanto com a *perestroika* haviam gerado o aparecimento de organizações independentes de trabalhadores, pela primeira vez desde o declínio dos sovietes originais após 1917. Surgiu certo número de organizações sindicais fora do aparelho oficial, a mais importante das quais denominava-se Sotsprof, ou Federação dos Sindicatos Socialistas Independentes. Esse grupo era, na verdade, uma aliança entre intelectuais de esquerda, organizados no Comitê de Formação de um Novo Partido Socialista, e comitês de mineiros em greve nos campos carboníferos de Donbass, Kuzbass e Vorkuta. Um dos ativistas da Sotsprof, Oleg Voronin, descreveu as exigências básicas da Federação como autogestão dos "operários", propriedade coletiva dos meios de produção, e planejamento democrático a partir de baixo: um programa que a colocava em oposição frontal às alas conservadora e reformista da *nomenklatura*.[133] O Partido Socialista da URSS, que dava corpo a essas idéias, foi fundado em junho de 1990. Sessenta anos após a destruição da Oposição de Esquerda, uma autêntica política da classe operária estava revivendo na terra da Revolução de Outubro.

3
O Triunfo do Ocidente?

"Engana-se quem quer que fale sobre a Europa."

Príncipe Otto von Bismarck

3.1 DE VOLTA AO FUTURO?

Numerosas pessoas que não compartilhavam das suposições sumamente esotéricas de Francis Fukuyama aceitavam, apesar disso, a conclusão que esse tirou da crise do stalinismo, isto é, que ela equivalia ao "triunfo final da democracia liberal ocidental", à "vitória total do liberalismo econômico e político".[1] Nessa afirmação, podemos distinguir três componentes distintos: 1) o pensamento, que discuto no capítulo seguinte, de que não há mais nenhuma alternativa plausível ao capitalismo liberal-democrático como modelo social; 2) a idéia de que a desintegração do bloco oriental e a erosão do poder soviético fortalecem o capitalismo ocidental em geral e os Estados Unidos em particular, uma opinião sumariada pelas da mídia de que os Estados Unidos ganharam a Guerra Fria; 3) a crença de que a expansão econômica contínua no Ocidente, combinada com a abertura do Leste, assinala o início de uma nova era de grande progresso para o capitalismo mundial. Quanto a mim, julgo que todas essas três suposições são falsas e, neste capítulo, submeto as duas últimas a uma análise crítica.

Toda e qualquer avaliação do impacto do colapso do stalinismo sobre o sistema mundial tem de começar com algum estudo do estado da economia global e, sobretudo, dos países capitalistas ocidentais que formam o seu núcleo. Após o mais longo e forte período de crescimento na história do capitalismo, o demorado auge econômico das décadas de 1950 e 1960 (o Produto Nacional Bruto mundial subiu três vezes e meia entre 1948 e 1973), o sistema mundial ingressou, em fins da década de 1960, no pior período de instabilidade sofrido desde a Grande Depressão, nos anos entre as guerras. Duas grandes e generalizadas recessões afligiram a economia mundial em 1974-75 e 1979-82. Aos clássicos sintomas de crise econômica — queda ou estagnação do produto, aumento do desemprego —, foi acrescentado um novo e alarmante fenômeno: as recessões caracterizaram-se por uma aceleração da taxa de inflação, ameaçando de colapso o sistema financeiro e exacerbando o conflito social. Em meados da década de 1970, em especial, quando o fim do longo auge econômico coincidiu com a escalada da luta de classes em toda a Europa Ocidental, que teve seu ponto culminante na Revolução Portuguesa de 1974-75, pareceu que o século XX se tornara, mais uma vez, "a época de guerras e revoluções" que a Internacional Comunista descrevera, no rescaldo de Outubro de 1917.[2]

No caso em tela, o modelo de 1970 não se repetiu na década seguinte. Uma forte recuperação da recessão nos Estados Unidos propagou-se pelo resto das economias avançadas em 1983-84, iniciando o que parecia ser uma nova fase de crescimento. A despeito de perturbações — acima de tudo, o grande susto da Sexta-Feira Negra, 19 de outubro de 1987, o dia do segundo estouro de Wall Street —, a recuperação continuou ininterrupta durante toda a década. No outono de 1989, o *Financial Times* sentia-se em condições de escrever que, "informalmente, cautelosos funcionários dos ministérios de finanças e bancos centrais do mundo dizem agora em sussurros o que antes era impensável: que o mundo poderia estar às vésperas de uma nova idade de ouro".[3] Essas expectativas, reforçadas pelo impacto das revoluções no Leste Europeu, transformaram-se em euforia nos principais mercados financeiros do mundo, que receberam a década de 1990 com uma forte elevação no preço das ações.

Mesmo antes das sublevações no Leste, numerosos membros da esquerda passaram a acreditar que o capitalismo conseguira reorganizar-se com sucesso, superando os problemas responsáveis pelas crises da década de 1970 e princípios da de 1980, bem como lançar as bases de outro surto de progresso, comparável aos de meados dos séculos XIX e XX. Várias expressões surgiram para descrever essa nova fase do desenvolvimento capitalista, como, por exemplo, "pós-Fordismo" e "acumulação flexível".[4] Essas teorias, no entanto, estavam erradas. Em primeiro lugar, não conseguiram explicar as causas da queda da atividade econômica e, em segundo, da recuperação das décadas de 1970 e 1980. Uma profunda crise de rentabilidade foi o que precipitou as duas grandes recessões dos últimos vinte anos. O *Financial Times* reconheceu que "o auge econômico do pós-guerra começou a desaparecer em fins da década de 1960, mas não, como geralmente se pensa, como resultado do choque do petróleo em 1973-74. O guia mais claro para a tendência básica é (...) a taxa de lucros, na qual um sério declínio tornou-se visível já em fins da década de 1960, em muitas das principais economias".[5] Uma queda desse tipo na taxa de lucro era exatamente o que Marx supunha ser a principal causa das crises econômicas.

Mas não é nada óbvio que a recuperação econômica global que se iniciou após 1982 reflita o tipo de reestruturação abrangente — em especial, a destruição em grande escala do capital menos eficiente — que seria necessária para um aumento da taxa de lucro, sustentável no longo prazo. O caráter limitado da recuperação em rentabilidade, que de fato ocorreu, é indicado pela enorme expansão de várias formas de investimentos financeiros: verificou-se que a absorção de firmas, a venda de seus ativos e a especulação em ações e propriedades imobiliárias eram mais atraentes do que investimentos em fábricas mais eficientes e em equipamento, enquanto, simultaneamente, a atmosfera de um mercado mobiliário em alta contribuía para promover novas formas de investimentos especulativos, refletida na moda de alavancagem na compra e fechamento de empresas e na emissão de títulos mobiliários sem valor real. A despeito de toda a globalização do capital, verificou-se que o mais importante motor de crescimento era a administração keynesiana da demanda por um Estado que permaneceu notavelmente intervencionista, a despeito da suposta hegemonia intelectual da economia neoliberal de Friedman e Hayek. A recuperação econômica dos Estados Unidos constituiu, em primeiro lugar, o resultado inesperado do que foi batizado de "keynesianismo militar" do governo Reagan — isto é, as reduções nos impostos e os gastos mais altos em defesa ajudaram a estimular a demanda exatamente no momento em que a Junta da Reserva Federal relaxava sua política monetária, a fim de evitar a quebra de bancos depois de o México ter suspenso o pagamento de sua dívida, em 1982. A maioria dos governos ocidentais baixou pacotes de medidas destinadas a ativar a demanda, quando uma queda acentuada na atividade econômica, em 1986, pareceu anunciar uma terceira grande recessão. Como reação à Sexta-Feira Negra, os principais bancos centrais reduziram as taxas de juros e afrouxaram a política monetária. A renovada ênfase em uma economia mundial politicamente administrada foi confirmada pelos esforços do Grupo dos Sete (G7 — Estados Unidos, Japão, Alemanha Ocidental, França, Grã-Bretanha, Itália e Canadá), a fim de coordenar políticas, especialmente depois que o Acordo do Louvre, de fevereiro de 1987, comprometeu-os a estabilizar as principais moedas.

O êxito indubitável desse intervencionismo, notadamente a contenção do impacto da queda do mercado de ações em 1987, não alterou o fato de que ele serviu principalmente para administrar um conjunto de conflitos que a recuperação não solucionara e, na verdade, exacerbara. Entre estes, o mais importante era o declínio econômico relativo dos Estados Unidos. Tendo sido, esmagadoramente, a economia dominante desde o fim da Segunda Guerra Mundial, os Estados Unidos viram posteriormente sua situação sofrer uma erosão progressiva — processo este acompanhado pela ascensão (ou ressurreição) de outras grandes economias industriais, principalmente do Japão e da Alemanha Ocidental. Em 1965, a participação dos Estados Unidos no PNB mundial era ainda de 39,3%: em 1987, ela caíra para 30,1%. No mesmo período, a parcela do Japão subiu de 5,2% para 15,9% e, a da Alemanha Federal, de 6,6% para 7,4%.[6] A conseqüente mudança no poder econômico global foi a origem das instabilidades monetárias da década de 1960, que prepararam o caminho para a montanha-russa em que embarcou a economia mundial na década de 1970 e princípios da de 1980. O período de recuperação econômica, daí em diante, confirmou os desequilíbrios entre os Estados Unidos e seus grandes rivais ocidentais: os maiores gastos com a defesa nos primeiros anos do governo Reagan foram financiados por uma tomada cada vez maior de empréstimos; a elevação das taxas de juros, a fim de atrair prestamistas estrangeiros, ajudou a manter alta a cotação do dólar nas bolsas estrangeiras, solapando ainda mais a competitividade da indústria manufatureira americana. O resultado disso tomou a forma dos "déficits geminados", que se tornaram aspectos crônicos da economia americana na década de 1980: déficits imensos no orçamento federal e no balanço de pagamentos corrente, que reduziram os Estados Unidos ao status de nação devedora, pela primeira vez desde a Primeira Guerra Mundial.

O mais grave conflito potencial criado por essa situação foi o que se estabeleceu entre Estados Unidos e Japão. As relações entre as duas potências parecia estar se inclinando em favor da segunda. Em primeiro lugar, o déficit da balança comercial dos Estados Unidos com o Japão permaneceu cronicamente alto, mesmo depois da queda do dólar em 1985-87, que estimulou uma elevação geral das exportações americanas. O déficit de 1988, de US$35 bilhões, refletiu a capacidade das empresas japonesas de penetrar em uma ampla faixa dos mercados internos americanos: de veículos, máquinas-operatrizes, bens de consumo eletrônicos, semicondutores.[7] Em segundo, os investimentos diretos japoneses nos Estados Unidos (que totalizavam US$71,9 bilhões em março de 1988), e que constituíam, em parte, uma tentativa para desarmar as pressões protecionistas americanas, mediante substituição de exportações japonesas por produtos montados localmente, alimentaram, em vez disso, os receios nacionalistas de perda da independência econômica do país.[8] Por último, a imensa exportação de capitais japoneses ajudou a financiar os déficits americanos. O economista de Chicago, David Hale, viu nisso parte de uma estratégia mais ampla de Tóquio:

> Desde meados da década de 1980, a prioridade esmagadora da política pública japonesa tem sido promover a harmonia econômica internacional, mediante ajuda aos Estados Unidos para enfrentar as tensões financeiras criadas pelos grandes déficits públicos, baixa poupança privada, e desregulamentação financeira permissiva. Em primeiro lugar, os japoneses adotaram políticas macroeconômicas fortemente estimulantes após 1986 e mais do que duplicaram o nível de importações de produtos manufaturados. Em

segundo, durante as crises do dólar em fins da década de 1980, o Japão interveio em grande escala a fim de ajudar a estabilizar os mercados financeiros americanos. O Ministério das Finanças japonês comprou quase US$60 bilhões em títulos públicos americanos. O banco central japonês tentou restringir o crescimento do crédito não através de elevação das taxas de juros, mas mediante controles administrativos dos empréstimos pelos bancos. O Ministério das Finanças japonês solicitou às grandes companhias de seguros que parassem de vender títulos do tesouro americano.[9]

Contudo, a magnitude do poder financeiro e econômico do Japão, mesmo quando usado para remediar os defeitos da política americana, exacerbou a quase paranóia exibida por amplos setores da opinião pública dos Estados Unidos. Em 1989, inquéritos de opinião pública mostravam que metade do eleitorado considerava o poder econômico japonês como uma ameaça maior ao país do que a força militar soviética. Essas atitudes populares repercutiram (às vezes, apenas marginalmente) em formas mais sofisticadas elaboradas por políticos em Washington. Surgiu, dessa maneira, apoio político para uma ampla variedade de medidas mercantilistas, tais como o apoio federal a indústrias estrategicamente importantes (de que serve de exemplo o consórcio Sematech, patrocinado pelo Congresso a fim de melhorar a tecnologia de semicondutores), a invocação, contra o Japão, da cláusula "Super 101", que autorizava retaliações contra "práticas comerciais desleais", nos termos da Lei de Comércio de 1988, e as negociações bilaterais entre Washington e Tóquio, no contexto da denominada Iniciativa de Impedimentos Estruturais. Estas e outras tensões provocadas por motivos protecionistas, envolvendo as principais economias comerciais — como, por exemplo, as disputas entre os Estados Unidos e a Comunidade Européia (CE) sobre a Política Agrícola Comum desta última — levaram o *Financial Times* a lamentar, em setembro de 1989, o fato de

> que o sistema comercial mundial seja menos livre do que há dez anos (...) A crescente preocupação nos Estados Unidos e na Europa, de que estejam perdendo a corrida com os japoneses e os países recém-industrializados, sobretudo no suleste da Ásia, gerou... um recrudescimento do protecionismo em proporções não vistas desde a década de 1930.[10]

Por graves e crescentes que fossem essas tensões entre as economias avançadas, todas elas se beneficiaram, ainda que em graus diferentes, com a recuperação ocorrida após 1982. Já o mesmo não se pode dizer do resto do mundo. A crise da dívida — precipitada pela suspensão dos pagamentos pelo México, em agosto de 1982 — causou sofrimentos terríveis à maioria dos países do Terceiro Mundo. Secaram os empréstimos aos países em débito, enquanto os acordos de reescalonamento da dívida entre esses países e seus credores do Ocidente resultavam em um fluxo ininterrupto de pagamentos do Sul ao Norte. O resultado disso — uma transferência líquida de valor dos países pobres para os ricos — passou quase despercebido, a despeito do ultraje moral que isso constituía. Em 1985, por exemplo, os novos empréstimos a longo prazo aos países em desenvolvimento, de US$35 bilhões, foram ultrapassados de longe por uma saída de quase US$58 bilhões em pagamentos de juros sobre empréstimos contraídos junto a bancos ocidentais.[11] Em 1986, os pagamentos do serviço da dívida excederam os empréstimos feitos à América Latina, desde 1982, em quase US$100 bilhões, eliminando toda a entrada líquida de capital na região durante a década de 1970.[12] A renda *per capita* nos países mais endividados caiu em 1,8% ao ano durante a primeira metade da década de 1980.[13] Desse padrão escaparam apenas os NICs (novos países industrializados) do leste da Ásia, principalmente os "Quatro Tigres" (Coréia do Sul, Formosa, Hong Kong e Cingapura), mas também alguns emergentes exportadores de bens manufaturados, como a Malásia, Indonésia e Tailândia. O crescimento prodigioso das economias da Borda do Pacífico forneceu base a projeções segundo as quais, no final do século, os países da Ásia Oriental teriam um PNB conjunto maior do que o da Europa Ocidental e tão grande quanto o da América do Norte.[14] Mas se um punhado de países parecia estar saindo do Terceiro Mundo, continentes inteiros — acima de tudo, a África subsaariana — aparentemente andavam para trás. Em fins de 1989, o Banco Mundial comunicou: "No conjunto, os africanos estão tão pobres hoje como eram há 30 anos."[15]

A recuperação da década de 1980, por conseguinte, ampliou a brecha entre o núcleo e a periferia da economia mundial. Reinavam, de qualquer modo, sérias dúvidas sobre quanto tempo essa recuperação poderia continuar. Ela fora caracterizada, aliás, por uma acentuada desigualdade entre o crescimento freqüentemente desigual e lento da indústria manufatureira e a alta espetacular das bolsas de valores, acima de tudo dos grandes centros de Wall Street, Tóquio e a City de Londres. A força especulativa dos mercados financeiros parecia capaz de compensar reveses como a Sexta-Feira Negra e outra quebra, curta mas apavorante, em Wall Street, quase exatamente dois anos depois, em 13 de outubro de 1989. Em fevereiro de 1990, porém, Anthony Harris, escrevendo de Washington, descrevia já "o apocalipse financeiro que está sendo revelado, em prestações cada vez mais freqüentes", como o grande *boom* do crédito desencadeado nos Estados Unidos: por exemplo, a falência de grande parte das instituições de poupança e empréstimos, ligada intimamente ao já longo colapso do mercado de títulos sem valor e que, por seu lado, ameaçava as carteiras das companhias de seguros e fundos de pensões, além de um passivo do governo federal que oscilava entre US$300 e US$800 bilhões. "À primeira vista", escrevia Harris, "a economia americana parece estar ignorando esses desastres com uma cômica despreocupação, como esses personagens de desenhos animados que continuam a dar vários passos depois de terem passado da borda do precipício." A aparente estabilidade, porém, era enganosa, uma vez que "todos os outros mercados estão sendo sustentados neste momento pela imensa exportação de capitais japoneses". Se a Bolsa japonesa entrasse em crise, "os mercados financeiros logo depois enfrentariam o choque que normalmente se segue no desenho animado, à cena a que nos referimos".[16] Semanas depois de terem sido escritas essas palavras, o grande *boom* na Bolsa de Valores japonesa chegou ao fim, quando as ações e títulos negociados no mercado de Tóquio perderam 30% de seu valor. Talvez a intervenção do Estado possa mais uma vez evitar outra recessão, impedindo que o rodopio das bolsas de valores arrastassem para o chão a economia real, mas é difícil acreditar que o grande castelo de cartas erigido na década de 1980 possa sobreviver indefinidamente.

Que impacto produziria a integração completa das economias da Europa Oriental na economia mundial no quadro desse estado de coisas? Uma vez dissipada a euforia criada com a derrubada do Muro de Berlim, cálculos imparciais sugeriram que o efeito seria, na melhor das hipóteses, neutro e, na pior, negativo. Em inícios de março de 1990, o *Financial Times* informava que "os bancos comerciais do Ocidente, muito embora aplaudam a reforma política e econômica na Europa Oriental, manifestam privadamente relutância em conceder novos empréstimos à região para qualquer fim, exceto o financiamento de projetos específicos". Essa atitude, refletindo uma avaliação pessimista das perspectivas das economias do Leste europeu, condizia com uma avaliação igualmente pessimista do efeito da integração das mesmas no mercado mundial, feita por um corretor de investimentos britânico, citado no mesmo número do *Financial Times*. Jonathan Wilmot, do Crédit Suisse First Boston, prognosticou que uma "leve recessão nos Estados Unidos, uma queda de 10.000 pontos no índice Nikkei, da Bolsa de Tóquio, uma duplicação do déficit orçamentário da Alemanha Federal e tensões no Sistema Monetário Europeu podem ser o preço que o Ocidente terá que pagar pela reconstrução da Europa Oriental". Tudo isso pode ser conseqüência do impacto inflacionário dos investimentos e subsídios necessários para facilitar a transição na Europa do Leste sobre uma economia mundial já próxima da plena capacidade.[17] Mas, se os banqueiros ocidentais não estavam muito dispostos a conceder empréstimos, parecia provável que as empresas multinacionais se empenhassem no que um consultor descreveu como "explorar o filé mignon" — investimentos altamente seletivos nos setores mais eficientes —, e até mesmo, nos casos mais favoráveis, de companhias da Alemanha Federal se transferirem para a Alemanha Oriental.[18] Mesmo que alguns desses prognósticos fossem pessimistas demais, o quadro geral que sugeriam conformava-se, bem de perto, com o modelo geral dos investimentos do Ocidente no período do pós-guerra, segundo o qual as economias mais avançadas investiam umas nas outras —, modelo este reforçado pela saída do capital externo de grande parte do Terceiro Mundo como resultado da crise do endividamento.[19]

Além de quaisquer conseqüências econômicas específicas, o efeito total da reintegração da Europa Oriental no mercado mundial seria, com toda probabilidade, o de desestabilizar o sistema internacional de Estados. Esse sistema, desde a Segunda Guerra Mundial, apoiava-se na divisão do mundo entre dois blocos político-militares, liderados pelas grandes potências continentais, a URSS e os Estados Unidos. O balanço global de forças, em todas as ocasiões, foi favorável à aliança ocidental, compreendendo, até agora, a mais rica das duas superpotências, bem como as economias avançadas da Europa Ocidental e o Japão. A contragosto, o resto do mundo caiu em sua órbita. O declínio econômico relativo dos Estados Unidos e a estagnação da URRS submeteram esse arranjo bipolar a crescentes pressões. Em fins da década de 1980, Paul Kennedy já podia escrever: "É claro que já existe, mais uma vez, um mundo *multipolar*, se medimos apenas os índices econômicos." Kennedy discernia "cinco grandes 'centros de poder' político-econômico: China, Japão, a CEE, a União Soviética e os Estados Unidos".[20]

Na verdade, a situação era muito mais complexa do que poderia parecer tendo em vista apenas a evidência do declínio econômico das superpotências. O Japão e a Alemanha Ocidental haviam, de fato, corroído em grande parte a supremacia econômica desfrutada pelos Estados Unidos ao fim da Segunda Guerra Mundial. Simultaneamente, porém, a liderança político-militar do bloco capitalista ocidental continuou, em grande parte a salvo de contestação durante toda a década de 1980. A hegemonia dos Estados Unidos era, em dois aspectos cruciais, uma condição do sucesso econômico da Europa Ocidental e do Japão. Em primeiro lugar, a integração político-militar dos países avançados, sob a liderança de Washington, criou um espaço econômico muito amplo (responsável, em 1987, por cerca de dois terços do comércio mundial de bens manufaturados), no qual a concorrência entre capitais podia ser levada adiante com alto grau de liberdade e sem o risco de se transformar no tipo de conflito armado que, por duas vezes, devastou o globo na primeira metade deste século.[21] Em segundo, a preponderância militar dos Estados Unidos desempenhava um papel crucial em seu declínio econômico relativo: altos níveis de gastos em defesa desviaram investimentos da indústria civil e, dessa maneira, contribuíram para as baixas taxas de crescimento da produtividade e do produto durante todo o período do pós-guerra. Paralelamente, as proporções relativamente baixas do PNB reservadas a despesas militares na Alemanha Ocidental e Japão ajudaram a tornar possíveis os níveis muito altos de investimento, que aumentaram grandemente a competitividade das indústrias desses países.[22]

Havia, desse modo, uma espécie de simbiose entre a hegemonia político-militar americana e a ascensão econômica do Japão e da Europa Ocidental. Esse estado de coisas levou a um nível crescente de tensão entre os Estados Unidos e seus aliados, sobre comércio, estratégia nuclear, relações com o bloco oriental; mas, ao mesmo tempo, ela tendeu a estabilizar a situação. A divisão de trabalho no bloco ocidental ajudou a manter relativamente baixos os compromissos militares europeus e japoneses. Além do mais, a reação de Washington aos sinais de seu declínio — evidenciado de forma dramática em sua derrota no Vietnã e na onda de revoluções no Terceiro Mundo na década de 1970, culminando com a vitória dos sandinistas na Nicarágua — consistiu, significativamente, em elevar seus gastos de defesa e, em termos mais gerais, conservar seu papel político global, processo que se iniciou no governo Carter e prosseguiu com entusiasmo na época de Ronald Reagan.[23] A expansão dos gastos em defesa em fins da década de 1970 e princípios da de 1980 acelerou, no mínimo, o declínio econômico relativo dos Estados Unidos, embora servisse para reforçar o padrão vigorante de relações no bloco ocidental. Se, na década de 1980, o mundo era, de modo inequívoco, economicamente multipolar, continuava politicamente a ser bipolar. As revoluções no Leste europeu, porém, pareciam destinadas a mudar tudo isso.

Mas foi a volta súbita, inteiramente inesperada, da "questão alemã" ao primeiro plano da agenda da política internacional que, de forma mais imediata, ameaçou rachar de alto a baixo a divisão do mundo no pós-guerra. Afinal de contas, fora o crescente desequilíbrio entre o poder econômico e militar da Alemanha e o de seus principais rivais, a Grã-Bretanha e a França, que iniciara o processo de desestabilização do sistema de Estados da Europa no começo do século e, em seguida, levara-o a implodir duas vezes, arrastando para o conflito o que Kennedy chamava de "as duas potências que estavam nos bastidores", os dois enormes Estados europeizados de dimensões continentais, a Rússia e os Estados Unidos.[24] Uma condição necessária da dominação das superpotências após 1945 foi a divisão da Europa entre elas, o que fez com que a região particular mais avançada economicamente do mundo ocupasse um *status* politicamente subordinado. O eixo de sustentação desse arranjo era a divisão e ocupação militar da Alemanha, o que contribuía para manter num papel secundário o único país europeu capaz de assumir o posto de Grande Potência no palco mundial.

O colapso da República Democrática Alemã e sua conseqüente incorporação à República Federal ameaçaram trazer consigo mudanças dramáticas no sistema internacional de Estados. Isso não decorre primariamente de uma eventual maior expansão do poder econômico alemão que a reunificação possa acarretar. A Alemanha Ocidental já era, em fins da década de 1980, a maior nação exportadora do mundo. Era também o núcleo econômico da Comunidade Européia que é, de longe, o maior bloco comercial do mundo (em 1987, a CE foi responsável por 43,1% do comércio mundial de produtos manufaturados, o Japão por 13%, e os Estados Unidos, por 10,5%).[25] Quando uma elevação das taxas de juros na Alemanha Ocidental foi seguida por todo o resto da Europa, em outubro de 1989, o *Financial Times* comentou: "A Europa já tem um banco central. É chamado de Bundesbank e tem sede em Frankfurt."[26] Em si mesma, a reunificação alemã não alteraria esse estado de coisas. De acordo com uma estimativa, o setor manufatureiro de uma Alemanha unificada seria equivalente a 85% dos setores congêneres da França, Itália e Grã-Bretanha juntas, enquanto que o da Alemanha Ocidental já era de 68%.[27]

Era muito mais provável que o impacto da reunificação alemã tivesse caráter político, ao aumentar a confiança e segurança da classe dominante, que, nesse momento, poderia reivindicar um papel internacional à altura de seu poder econômico. Essa mudança profunda foi expressa rudemente por Alfred Herrhausen, executivo-chefe do Deutsche Bank, dias antes de ser assassinado, em novembro de 1989, pela Facção Exército Vermelho: "A Alemanha reunificada será uma enorme força econômica (...); e, como nós, enquanto banco, estamos fortemente instalados neste país, acho que estamos destinados a desempenhar um papel de primeiro plano no sistema bancário global."[28] O íntimo colega de Herrhausen, Helmut Kohl, começou rapidamente a exercitar os músculos. Seu plano de dez pontos para a reunificação, divulgado em novembro de 1989, semanas antes da derrubada do Muro de Berlim, poucas referências fez à Aliança Ocidental e foi elaborado sem consulta a seus parceiros na OTAN, o que levou um funcionário britânico a especular se "as cartas alemãs já não foram jogadas".[29] Um sinal de que assim acontecera foi a insistência de Kohl, no mês de março seguinte, em vincular a garantia alemã da linha Oder-Neisse (que delimita a fronteira da Alemanha Oriental com a Polônia desde o pós-guerra) à renúncia por Varsóvia de reparações de guerra. Kohl recuou diante do clamor que se seguiu, mas não antes que sua postura tivesse provocado a formação de um alinhamento franco-polonês que lembrava a *Petite Entente* dos anos do entre-guerras. A perspectiva de uma Alemanha reunificada levou o governo Mazowiecki a reavaliar o papel, na Europa Oriental, do que até recentemente fora considerado o opressor russo da Polônia. Por isso mesmo, nas conversações de Viena, sobre redução de forças convencionais, os negociadores poloneses opuseram-se às propostas da OTAN no sentido de que as "unidades de reserva" (unidades de apoio mantidas bem abaixo, em tempo de paz, dos efetivos completos), na região ocidental da URSS, fossem conservadas a 5% de seus números em tempo de guerra. A esse respeito, explicou um diplomata da Europa Oriental: "Foi o medo tanto do Bundeswehr quanto das consideráveis unidades de reserva que tornou os poloneses muito preocupados com seus futuros interesses em segurança."[30] A briga sobre a linha Oder-Neisse levou o governo polonês a pedir que as tropas russas permanecessem na Alemanha Oriental.

O eixo entre Moscou, Varsóvia — e Paris — contra Bonn, no tocante às fronteiras orientais da Alemanha, mostrou como fora ingênuo Tim Garton Ash ao dizer que "havia apenas um bloco, o soviético", "um bloco de ditaduras sob o comando central de uma ditadura imperial", enquanto a "OTAN era, e é, uma aliança voluntária de democracias".[31] Os interesses das grandes potências haviam forjado as duas alianças e sobreviveriam ao colapso do stalinismo. Realmente, a nova situação ameaçava *ambas* as alianças. Isso acontecia não apenas por causa dos realinhamentos precipitados pela perspectiva de reunificação alemã. A queda dos regimes stalinistas na Europa Oriental e a retirada militar russa, que parecia ser sua conseqüência inevitável, privavam tanto a OTAN quanto o Pacto de Varsóvia de sua razão de ser.

Ao fim de algumas observações, no geral banais, sobre o massacre da Praça Tiananmen, o filósofo Norberto Bobbio citou o famoso poema de Kavafi, "Esperando pelos Bárbaros", sobre uma cidade antiga que mergulha na confusão quando não ocorre a esperada invasão: "O que acontecerá conosco sem os bárbaros?"[32] O que, realmente, aconteceria à OTAN sem o Império do Mal para justificar-lhe a existência? Um dos espetáculos mais maliciosos de 1989 foi a evidente falta de entusiasmo com que George Bush e sua mais fiel aliada européia, Margaret Thatcher, receberam um acontecimento que haviam exigido durante longo tempo, a queda do Muro de Berlim e a realização iminente do objetivo de política externa de seus governos, a reunificação da Alemanha. Era bastante compreensível que Gorbachev, embora relutantemente disposto a aceitar, *faute de mieux*, o colapso de fato do Pacto de Varsóvia, montasse uma operação de retaguarda, inicialmente contra uma Alemanha unida e, em seguida, contra sua inclusão na Aliança Ocidental. Estas eram tentativas racionais, ainda que condenadas ao fracasso, de salvar alguma coisa dos destroços. Mas houve alguma coisa realmente notável na veemência com que a sra. Thatcher — a própria Dama de Ferro — apontou repetidamente não apenas a OTAN, mas também o Pacto de Varsóvia, como forças em prol da "paz" e "estabilidade" na Europa. Não poderia haver indicação mais clara da dependência mútua dos dois blocos.

Um dos principais temas da reação de Washington às revoluções na Europa Oriental foi um esforço para garantir a continuação de um papel para a OTAN e, por conseguinte, para os Estados Unidos na Europa. O secretário de Estado, James Baker, escolheu Berlim como local de um discurso muito importante, pronunciado em dezembro de 1989, no qual pediu "uma nova arquitetura para uma nova era", para a qual num dado fundamental seria que o *Financial Times* chamou de "a conversão da OTAN em uma aliança mais geral que, muito embora tratando ainda de questões de segurança, cuidasse cada vez mais das relações políticas e econômicas com a União Soviética e Europa Oriental".[33] Mais ou menos na mesma época, o analista de assuntos de defesa Lawrence Freedman argumentava que seria do interesse do Ocidente que o Pacto de Varsóvia sobrevivesse e desempenhasse um "papel mais político", tornando-se, dessa maneira, "um mecanismo de grande importância para impedir a fragmentação da Europa Oriental", bem como as "enormes tensões" que "as revoluções sociais, econômicas e políticas no Leste" imporiam à Europa Ocidental.[34] Mas restava o fato, conforme observou Ian Davidson, de que "as doutrinas militares da OTAN estão em frangalhos", uma vez que "as transformações políticas que ora ocorrem na Europa Oriental solapam por completo a aceitabilidade de uma doutrina que supõe o emprego de armas nucleares contra a Alemanha Oriental, a Tchecoslováquia ou a Polônia".[35] Realmente, as negociações entre a OTAN e o Pacto de Varsóvia, visando à redução das tropas russas e americanas na Europa, evocaram o que Davidson denominou de "perspectiva perturbadora de uma Europa livre de superpotências", o que implica uma grande variedade de cenários, que iam do colapso da OTAN ao surgimento de "uma Europa unida, com um importante arsenal próprio de armas nucleares".[36]

Qualquer que fosse o resultado exato, era muito claro que estava prestes a emergir o que Paul Kennedy chamou de "mundo multipolar". Um fator favorável a esse fenômeno era a tendência discernível que até certo ponto qualifica as afirmações mais gerais sobre a propensão do capital a tornar-se globalmente móvel, na direção de certa regionalização das relações econômicas. A influência da Alemanha Ocidental como economia comercial concentrava-se fortemente na Europa: em 1988, 54,4% de suas exportações encaminharam-se para os demais países da CE, 16,7% para a Associação de Livre Comércio da Europa, e 5,6% para as principais economias do bloco oriental.[37] Era provável que esse modelo fosse, no mínimo, reforçado pela maior integração da CE e pela abertura da Europa do Leste. Um bloco comercial norte-americano poderia surgir com a ampliação do Acordo de Livre-Comércio Estados-Unidos-Canadá de modo a incluir o México. O grande surto de progresso das economias da Borda do Pacífico, em fins da década de 1990 constituía, em medida muito importante, um reflexo do crescente envolvimento japonês na região. Em princípios de 1990, o *Financial Times* opinava que "companhias japonesas estão construindo um império comercial no leste da Ásia". O grande aumento dos investimentos diretos japoneses no leste da Ásia — que se elevaram de US$1,4 bilhão em 1985 para US$5,6 bilhões ao ano até março de 1989, superando de longe os investimentos diretos americanos na região, de US$2,3 bilhões em 1988 — foi em grande parte uma reação à alta do iene em fins de 1985. As multinacionais japonesas, à procura de custos salariais mais baixos, expandiram rapidamente suas operações, sobretudo nos NICs de "segunda geração", como Tailândia, Indonésia e Malásia. O comércio expandiu-se também: há muito o maior exportador para a Ásia Oriental, o Japão começou também a aumentar suas importações procedentes dessa região, que cresceram até 20% apenas em 1989.[38]

Os planos do governo Bush de reduzir o poderio militar americano no Pacífico encorajariam Tóquio, juntamente com o crescente envolvimento japonês na Ásia Oriental, a assumir um papel militar mais ativo na região. Os gastos japoneses com defesa, embora ainda restritos a alguma coisa entre 1% e 1,6% do Produto Nacional Bruto (dependendo das estimativas usadas), já chegavam a um total impressionante: em 1988, o orçamento militar japonês era o terceiro maior do mundo. Nesse ano, o *Age*, de Melbourne, publicou uma matéria sobre os planos de Tóquio para a "Força de Autodefesa":

> A Marinha de Guerra japonesa é a quarta maior do mundo em termos de tonelagem. Dentro de dois anos, o Japão terá mais aviões táticos do que os Estados Unidos possuem na defesa da América continental. Terá três vezes mais contratorpedeiros do que a Frota do Pacífico dos Estados Unidos e cinco vezes mais aviões Orion de patrulhamento.[39]

Essas tendências evocam a imagem de um sistema de Estados no qual Japão e Alemanha competem no mundo, em termos de completa igualdade, com os Estados Unidos e a URSS, as duas antigas superpotências decadentes. Uma idéia implícita, por exemplo, no *bon mot* de André Gunder Frank: "A Guerra Fria acabou. Vencida pelo Japão e pela Alemanha."[40] A questão, porém, não é tão simples assim. Os Estados Unidos, de fato, tiveram certo número de vitórias importantes na década de 1980. Washington repeliu todos os novos desafios revolucionários no Terceiro Mundo e adotou, sob o nome de Doutrina Reagan, o que Fred Halliday chama de "uma política de contra-revolução a preço de banana", compreendendo principalmente a promoção de movimentos guerrilheiros direitistas contra os vários regimes alinhados com Moscou (Nicarágua, Angola, Camboja, Afeganistão).[41] Em 1987-88, a intervenção militar americana ao lado do Iraque assegurou a derrota do Irã na Guerra do

Golfo, obtendo uma certa vingança pela revolução de 1978-79 e pela subseqüente ocupação da embaixada americana em Teerã.

A desintegração do Império Russo fortaleceu ainda mais, no curto prazo, a mão de Washington no Terceiro Mundo. Sem dúvida, o senso de oportunidade da bem-sucedida invasão do Panamá pelos americanos em dezembro de 1989, apenas semanas depois das revoluções na Alemanha Oriental e Tchecoslováquia, refletiu a impressão do governo Bush de que um maior espaço de manobra fora aberto aos Estados Unidos graças à retirada de Moscou do Terceiro Mundo e a preocupação com a crise interna que se avolumava. A invasão em si desmentiu os apologistas ocidentais, como Ash, que procuravam apresentar os Estados Unidos como um Estado cujo comportamento em relação a seus dependentes era moralmente superior ao da URSS. De acordo com a Igreja e as organizações de direitos civis panamenhas, cerca de 3 mil civis morreram na invasão, ou mais de dez vezes a estimativa oficial americana. (Outras estimativas chegam até 7 mil.) Foram descobertas sepulturas coletivas, contendo corpos com as mãos amarradas atrás das costas e outros incinerados com lança-chamas. A propósito, comentou Alexander Cockburn:

> Pessoas saturadas de anúncios de que a guerra fria acabou deviam estudar atentamente o que aconteceu no Panamá, pois compreenderiam que ela, da forma que é atualmente travada pelos Estados Unidos contra o Terceiro Mundo, isto é, a guerra que os Estados Unidos levam a sério, à parte a postura sobre a "ameaça soviética" a fim de manter a pleno vapor a abertura de verbas militares, continua como antes e, na verdade, está se intensificando.[42]

O pretexto para a invasão — o envolvimento do regime de Noriega com o narcotráfico — indicou apenas uma das maneiras através das quais a intervenção dos Estados Unidos poderia ser justificada. O pânico moral despertado pelas drogas, aliás, já fora usado em apoio a um nível mais alto de repressão dentro dos próprios Estados Unidos, como, por exemplo, nas batidas da polícia paramilitar nos guetos negros de Los Angeles. Talvez se tornasse também a defesa padrão para a afirmação da hegemonia americana na América Latina — o que poderíamos, talvez, chamar de "narco-imperialismo" —, nesse momento em que ninguém acredita mais no Império do Mal.

Esses fatos, juntamente com as revoluções no Leste Europeu, poderiam parecer justificar a conclusão de que o mundo estaria entrando em uma era não de "multipolaridade", mas de renovada dominação americana. Argumenta Halliday que

> só há uma superpotência, os Estados Unidos. A URSS perdeu seu poder de influenciar na Europa com o colapso da Organização do Tratado de Varsó-

via, está debilitada com sua própria crise econômica e social, e não se encontra em condições de competir com os Estados Unidos, ou com o Ocidente em termos mais gerais, nas esferas militar e econômica. A URSS é hoje pouco mais do que uma potência continental, sem um sistema de alianças que lhe dê apoio. A ilusão de uma "paridade de dureza", como Brejnev gostava de chamá-la, não mais se sustenta.[43]

A perspectiva, segundo esse argumento, é de "ultra-imperialismo" dos Estados Unidos, sem contestação por qualquer grande rival. Mas esse raciocínio vai certamente longe demais. Em primeiro lugar, a URSS, embora amputada da borda externa de seu império, continuará a ser uma grande potência industrial e militar, enquanto o governo de Moscou não perder o controle da economicamente crucial Ucrânia, o eixo de sustentação do Estado russo desde o século XVII. Em segundo, a contradição entre hegemonia político-militar global americana — indubitavelmente reforçada pelo impacto imediato das revoluções no Leste europeu — e seu declínio econômico relativo não foi abolida pela desintegração parcial do império russo. Na verdade, os fenômenos discutidos acima, ao encorajar a maior confiança política das classes governantes alemã e japonesa, exacerbarão, ao que tudo indica, essa contradição. E a derrubada do Muro de Berlim não acabará, como por um passe de mágica, com os déficits duplos dos Estados Unidos. A Guerra Fria foi uma longa e violenta luta entre dois pesos-pesados. No último assalto, o mais fraco caiu sob os golpes do adversário, mas o vencedor combalido, embora de pé, cambaleia, enquanto olha para os novos adversários que estão à espera do lado de fora do ringue.

Se o Japão e uma CE dominada pela Alemanha transformarão ou não seu poderio econômico em força militar comparável, é um fato que dependerá de grande número de imponderáveis, como, por exemplo, o curso da integração política européia. O que não admite dúvidas é que o mundo, ao fim do século XX, parece-se cada vez mais com as condições em que se encontrava no início do mesmo século. Nessa ocasião, num bom número de grandes potências — Grã-Bretanha, Alemanha, Estados Unidos, França, Áustria — Hungria, Rússia, Japão — competia por influência: a Grã-Bretanha, centro do sistema mundial desde as guerras napoleônicas, era ainda o que se poderia chamar de "O Galo do Terreiro", embora sua posição estivesse sendo corroída pelo desenvolvimento de grandes economias industriais nos Estados Unidos e na Alemanha. A ascensão e queda das potências, combinadas com o potencial para alianças mutáveis criado pela existência de uma *pluralidade* de grandes Estados, tenderam para desestabilizar o sistema mundial. Incertezas semelhantes parecem ser o destino do mundo ao se aproximar o fim do século XX. A divisão do globo entre as duas superpotências e seus aliados e dependentes foi restritiva e opressiva de inúmeras maneiras. Significava, contudo, que a política mundial era razoavelmente previsível, a despeito do perigo constante de que a corrida armamentista escapasse ao controle. A erosão da preponderância das superpotências e o reaparecimento de um mundo multipolar implicam um estado de coisas muito menos previsível. A existência de vários grandes centros de poder recria as condições para realinhamentos que cruzarão velhos blocos e se rearrumarão quando mudarem as percepções do que os Estados entendem como seus interesses. Assim, volta ao salão o minueto diplomático que, antes de 1939 na Europa, resultava freqüentemente em "revoluções diplomáticas" e, às vezes, em guerra.

De qualquer modo, a ilusão de que o fim da Guerra Fria assinalava o começo de uma era de estabilidade global e de paz, fosse sob uma renovada hegemonia americana ou de um condomínio de superpotências, rapidamente desapareceu. A crise desencadeada pela invasão do Kuwait pelo Iraque em agosto de 1990 sublinhou tanto a extensão quanto os limites da mudança. Um dos fatos importantes ocorridos nas décadas de 1970 e 1980 fora o surgimento de potências regionais no Terceiro Mundo, aspirando ao tipo de dominação local exercida pelas superpotências em escala vastamente superior. As causas disso foram muitas e incluíram a industrialização de partes do Terceiro Mundo e a política americana, formalizada em 1970 na Doutrina Nixon, de encorajar regimes amigos (Israel, Irã, Brasil, África do Sul) a atuar como "subimperialismos" que defendessem os interesses do Ocidente em áreas estrategicamente importantes. O efeito disso consistiu em introduzir em certas regiões o mesmo tipo de competição econômica e estratégica que havia entre as potências fortemente armadas e que, em escala global, precipitou as duas guerras mundiais e sustentou a Guerra Fria, como, por exemplo, os sucessivos conflitos entre a Índia e o Paquistão, as rivalidades mantidas em fogo baixo entre a Turquia e a Grécia, e a Guerra do Golfo de 1980-88 entre Irã e Iraque. O último desses choques, que ceifou mais de um milhão de vidas, indicou os limites da autonomia desses subimperialismos em relação às grandes potências: a vitória do Iraque dependeu, conforme vimos acima, da intervenção dos Estados Unidos, resolvidos a conter e, se possível, reverter a Revolução Iraniana.

Os mesmos fatores operaram no verão de 1990. A tentativa de Saddam Hussein de resolver a crise econômica do Iraque e consolidar seu domínio na região, tomando o Kuwait, colocou-o em conflito direto com as potências ocidentais. Nota-se que a velocidade e escala da reação americana não refletiram simplesmente a importância dos países produtores de petróleo da área para a economia do Ocidente. O espaço de manobra de Washington fora muito aumentado pela eliminação de qualquer obstáculo à intervenção militar no Oriente Médio, causado pelo medo de desencadear um confronto entre superpotências: a retirada efetiva de Moscou da região e o apoio que deu à ação internacional contra o Iraque eliminaram essa ameaça. Mas era também provável que o governo Bush aproveitasse a nova crise como ocasião oportuna para reafirmar a hegemonia dos Estados Unidos no Ocidente. A enorme concentração de forças militares no Golfo constituiu também um salutar lembrete a Tóquio e a Bonn: Helmut Kohl havia, apenas algumas semanas antes, ofendido Washington ao obter a concordância soviética para o ingresso da Alemanha reunificada na OTAN, através de negociações bilaterais com Gorbachev, embora a segurança de seus suprimentos de petróleo ainda dependessem, em última análise, do Pentágono. Algumas pessoas ficaram contentes com a virtual unanimidade com que as Nações Unidas autorizaram operações contra o Iraque. Mas isso foi menos um sinal de renovada autoridade como pacificadora de uma organização que permitira que passassem impunes agressões flagrantes, como a invasão do Panamá pelos americanos, do que uma indicação do consenso que prevalecia temporariamente entre as grandes potências. O mundo era ainda um lugar em que os Estados imperialistas estavam dispostos a ir à guerra a fim de preservar o controle de partes estratégicas do globo, embora o poderio militar acumulado pelo Iraque mostrasse até que ponto ex-colônias haviam podido ir além do mero *status* de clientes. Os perigos e incertezas da crise do Golfo deram destaque ao fato de que o que estava tomando forma após a Guerra do Golfo não era uma nova ordem mundial e sim uma versão mais perigosa da velha.

3.2 A GRANDE ILUSÃO

As conseqüências potencialmente desestabilizadoras das revoluções no Leste europeu foram suficientemente claras para estimular discussões gerais sobre possíveis mecanismos para contê-las. Talvez o remédio mais popular tenha sido, tanto em profundidade quanto em extensão, o desenvolvimento mais acelerado da Comunidade Européia. Um movimento mais rápido na direção de uma Europa federal, já na agenda em virtude das discussões dentro da CE, a fim de suplementar o Mercado Europeu Único que deveria ser criado em 1992, com união econômica e monetária, contribuiria para limitar o impacto desorganizador da unificação alemã, "dando aos alemães", conforme disse Kohl, "um teto europeu mais sólido".[44] Ao mesmo tempo, os governos pós-stalinistas da Europa Oriental pressionavam de modo geral, pedindo incorporação à CE. Isso não acontecia simplesmente na esperança de que a prosperidade da Europa Ocidental, como resultado do ingresso na CE, também os beneficiasse, mas em virtude da crença nas virtudes políticas especiais ligadas à qualidade de membros. Exatamente o que eram essas virtudes constituía assunto de certa controvérsia, embora se pensasse, de maneira geral, que a CE era uma variante social-democrata do capitalismo liberal, capaz de oferecer um modelo melhor do que os extremos do *laissez-faire* dos governos da Nova Direita dos Estados Unidos e Grã-Bretanha. Entrevistado um ano antes das revoluções no Leste europeu, o primeiro-ministro francês, Michel Rocard, descreveu a si mesmo como um ardente "federalista europeu" e argumentou que "o que distingue a Europa não é apenas seu alto nível de desenvolvimento econômico, nem seu pluralismo político, mas seus sistemas de seguridade social".[45] Os adversários de uma integração mais profunda na CE, como a sra. Thatcher e seus partidários, insurgiam-se principalmente contra o compromisso com a intervenção estatal e medidas de bem-estar social, corporificadas na Carta Social da Comunidade. E aproveitaram a perspectiva de uma CE abrangendo os antigos regimes stalinistas do Leste para apresentar argumentos contra uma maior integração, embora outros governos, notadamente o francês, tenham despertado apoio mais amplo quando pressionaram por união econômica, monetária e política como a reação mais apropriada às revoluções de 1989.

Muito notáveis em tudo isso foram as conotações positivas ligadas ao conceito de Europa em si, não simplesmente na CE e nos novos países emancipados no Leste, mas também na URSS. A invocação por Gorbachev de "um lar europeu comum" foi repetida até mesmo por um de seus críticos mais acerbos da ala esquerda, Boris Kagarlitsky, que descreveu o marxismo como "o caminho para a civilização européia".[46] Mas foram os intelectuais da Europa Oriental que expuseram mais explicitamente os importantes pressupostos culturais e políticos envolvidos na colocação, em primeiro plano, da idéia de Europa. Em 1983, por exemplo, o romancista tcheco Milan Kundera escreveu uma evocativa elegia para a Europa Central, para países que, notadamente a Thecoslováquia, a Hungria e a Polônia, fizeram parte dos Impérios Russo, Alemão e (especialmente) Austro-Húngaro antes de 1914, quando eram os centros de uma brilhante cultura modernista, e que desfrutaram um curto período de independência entre as guerras, antes de, mais uma vez, caírem sob jugo estrangeiro, desta vez de Moscou. Essa subordinação política, argumentou Kundera, significou uma exclusão cultural da Europa:

> Na verdade, o que é que a Europa significa para um tcheco, um húngaro, um polonês? Suas nações sempre pertenceram à parte da Europa radicada no Cristianismo Romano. Participaram de todos os períodos de sua história. Para elas, a palavra "Europa" não significa um fenômeno de geografia, mas uma idéia espiritual sinônima da palavra "Ocidente".

Daí a ameaça à própria identidade da Europa Central, "uma versão condensada da própria Europa, em toda sua variedade cultural", que provinha de sua sujeição à Rússia, "uniforme, modeladora, centralizadora", não "mais uma potência européia", mas "uma civilização singular, uma *outra* civilização", caracterizada por um "apavorante exotismo".[47]

Considerar em grande parte absurdo o argumento de Kundera não nos transforma em apologistas do Império Russo no pós-guerra. Alguns críticos, por exemplo, ficaram confusos com a afeição que Kundera demonstrou ao Império Áustro-Húngaro, a despeito da recusa sistemática deste em reconhecer direitos nacionais, especialmente de eslavos.[48] Havia, além disso, alguma coisa profundamente empobrecedora, do ponto de vista espiritual, em uma visão histórica que parecia capaz de imaginar a cultura européia dos dois últimos séculos sem — para mencionar apenas alguns autores russos — Pushkin, Gogol, Turguenev, Dostoievsky, Tolstoy, Mayakowsky, Bulgakov, Babel, Pasternak e Solzhenitsyn. Em um brilhante *aperçu*, C.I. James observou que os grandes escritores russos do século XIX "foram um estágio tão significativo da *consciência* européia como, à sua maneira, a filosofia clássica, merecendo um lugar em uma nova *Fenomenologia do Espírito*".[49] Alguns dos mais talentosos intelectuais do Leste europeu, porém, parecem agora ansiosos para eliminar a Rússia da história. Até mesmo um escritor habitualmente tão indulgente como Tim Garton Ash observou a respeito de dois deles, Václav Havel e Gyorgy Konrad, que eles "usam as expressões *Europa Oriental* ou *europeu oriental* quando o contexto é neutro ou negativo; quando escrevem *Europa Central* ou *europeu central*, a declaração é invariavelmente positiva, afirmativa, ou claramente sentimental. Enfatiza Ash a "tendência mitopoética" envolvida nessas distinções: "Querem que entendamos que o que era *autenticamente* europeu central sempre foi ocidental, racional, humanístico, democrático, céptico e tolerante. O resto era europeu oriental, russo, ou, possivelmente, alemão."[50]

Está muito claro que se trata aqui de um exercício de ideologia, e não de análise histórica. Até mesmo o esforço sério e erudito de Jeno Szuc para caracterizar a Europa Central-Oriental como uma região historicamente distinta, intermediária entre o Ocidente e a Rússia — respectivamente identificados por Istvan Bibo com "movimento" e "imobilidade", decorrentes da separação no primeiro e de fusão no segundo de Estado e sociedade civil —, tem o cuidado de isolar numerosas variações acentuadamente diferentes, em particular as representadas pela república aristocrática polonesa-lituana, o absolutismo prussiano e os reinos dos Habsburgos.[51] E a *Mitteleuropa*, no que Kundera acredita ter sido seu auge antes de 1914, exibia, em forma concentrada, muitas das enfermidades características do século XX: afinal de contas, foi em sua maior cidade, Viena, que — sob o governo do prefeito Karl Luger — o anti-semitismo se tornou uma forma de mobilização popular consistente.[52] E Ash cita a "contundente (...) resposta de François Bondy a Kundera": "Se Kafka foi filho da Europa Central, também o foi Adolf Hitler."[53]

Os fatos, de qualquer maneira, não interessam no que é essencialmente um discurso político. A Europa, como observou sagazmente Eric Hobsbawm, é "um continente cuja própria definição tem sido política."[54]O importante na onda a favor da *Mitteleuropa* consiste tanto em incluir a Rússia como um centro de barbarismo asiático quanto em revalorizar a Europa como uma civilização que corporifica os mais altos valores políticos e culturais. O argumento é desenvolvido por Mihály Vajda, que trata a "Europa" como "um sistema de valor específico, uma maneira de pensar e em décadas recentes (...), um conceito político". Dessa perspectiva, a "Rússia *não* é Europa", mas "um sistema mundial que segue seu próprio doce caminho", que "implica a rejeição de todas as idéias essenciais do que chamamos de civilização européia: seu sistema de valores, seus hábitos de pensamento, seus conceitos de liberdade e de indivíduo". Argumenta Vajda que a "não-existência de autonomia — na verdade, a falta até mesmo do *desejo* de autonomia — é o principal aspecto característico da Europa Oriental, em contraste com a Europa propriamente dita".[55]

Há, na verdade, alguma coisa inteiramente monstruosa na identificação positiva unilateral da Europa com os "conceitos de liberdade e de indivíduo", que se tornou típica do discurso contemporâneo. Esse complexo de idéias é associado a outro que está atualmente em moda, o de "herança cultural". O amálgama resultante foi bem sumariado na referência de Gorbachev a "uma profunda, intensamente inteligente e inerentemente humanitária cultura européia".[56] Ora, continuar uma tradição implica necessariamente um processo de seleção de coisas do passado; mas a pura mitificação envolvida nas concepções contemporâneas de Europa nunca foi melhor exposta do que por Walter Benjamin, em suas magistrais reflexões sobre todo o assunto da tradição. Discutindo a idéia de "tesouros culturais", escreveu ele:

> Um materialista histórico examina-os com cauteloso desapego. Isto porque, sem exceção, os tesouros culturais que estuda têm uma origem que não podemos contemplar sem horror. Devem sua existência não só às grandes mentes e talentos que os criaram, mas também à labuta anônima de seus contemporâneos. Não há um documento de civilização que não seja, ao mesmo tempo, um documento de barbarismo.[57]

E — como Benjamin sabia muito bem quando escreveu, em 1939, as frases acima, quando as perspectivas da Europa eram muito mais sombrias do que pareceriam meio século depois — não há continente mais abundante em documentos de barbarismo do que a Europa. O continente que produziu a *Mona Lisa* e Mozart abrigou também Auschwitz e Treblinka. Os campos de extermínio nazistas foram, afinal de contas, criações da nação cultural e economicamente mais avançada da Europa. Talvez, seja sugestivo do mesmo clima político-intelectual que gerou o tipo de redefinição persuasiva de Europa dada por Kundera, Vajda e outros, que a *intelligentsia* da Alemanha Ocidental ficasse dividida, em fins da década de 1980, por um debate — a *Historikerstreit* — cujos dois lados procuravam explicar de vez o nazismo como uma cópia pálida do terror stalinista ou como conseqüência do caráter arcaico, pré-moderno, da sociedade alemã. Ambas as justificativas foram apologéticas de fato, se não na intenção (menos no caso daqueles que, como Jurgen Habermas, rejeitaram a alegação de Ernst Nolte de que o Holocausto fora meramente uma variação de um tema "bolchevista", apontando-a como uma tentativa para reabilitar o nacionalismo alemão), uma vez que nenhuma das duas reconheceu no fascismo o que ele era, o produto de uma crise do capitalismo, cujas condições, embora especialmente agudas na Alemanha de Weimar, poderiam ser repetidas, com conseqüências potencialmente semelhantes. O nazismo não foi uma aberração da modernidade européia, mas uma conseqüência de suas correntes mais profundas.[58]

O fato de que o nazismo é uma parte tão grande da "herança" européia quanto o conceito de liberdade individual confirma-se quando pensamos no processo histórico através do qual esse continente veio, no século XIX, a dominar o resto do globo. As duas guerras mundiais foram, afinal de contas, a culminação de uma série de guerras implacáveis, inseparavelmente ligadas ao desenvolvimento de um mercado mundial e à formação e ampliação das relações capitalistas de produção. Uma das principais dimensões desse processo — a subjugação política e econômica de outros continentes às potências ocidentais européias e aos seus prolongamentos russo e norte-americano — fez com que os conflitos travados dentro do sistema europeu de Estados cobrasse um preço terrível dos povos da África, Ásia e América Latina. É, portanto, impossível separar as grandes realizações da Europa dos horrores que infligiu à humanidade. Talvez a mais bela sala onde jamais estive seja a da Codrington Library, no All Souls College, Oxford, construída com os lucros do tráfico de escravos.

Talvez tudo isso possa ser agora esquecido nas democracias liberais prósperas da moderna CE. A questão, porém, não é tão simples assim. Geoffrey Barraclough, estudando a história das tentativas de se chegar à unificação européia, nota que "verificou-se ser mais fácil, quando se tratava de definir o que constituía a Europa, formular uma idéia negativa, exclusiva, da unidade européia dirigida contra alguma potência ou movimento supostamente não-europeus ou anti-europeus, do que encontrar algum objetivo pan-europeu ao qual todos pudessem aderir".[59] A exclusão da Rússia no culto moderno da *Mitteleuropa* constitui um exemplo dessa tendência. A campanha para excluir é, na verdade, aspecto fundamental de qualquer discurso sobre a Europa. O conceito de Europa entrou em moda nos inícios da era moderna como substituto da idéia medieval de Cristandade, que se tornara a descrição que faziam de si mesmas as duas principais civilizações que sucederam o Império Romano. A outra, a islâmica, defendia-se também em termos religiosos. Na Idade Média, observa Judith Herrin, "a religião fundira o político, o social e o cultural em sistemas independentes, separados por suas diferenças de fé".[60] Nos séculos XVI e XVII, contudo, "Cristandade" foi crescentemente suplantada por "Europa", um conceito mais secular, despojado das aspirações universais (potencialmente) do Cristianismo e identificadas com o que Fernand Braudel chamaria de uma "economia mundial" distinta, o sistema de Estados europeu que, nessa ocasião, se expandia pelo resto do globo.[61] A Europa, contudo, continuou a definir-se através de uma relação antagônica com um Outro: no início da era moderna, por exemplo, a corporificação contemporânea do Islã, na forma sumamente ameaçadora do Império Otomano. Em termos mais gerais, como Edward Said demonstrou em sua esplêndida filípica contra o Orientalismo, o senso europeu de identidade própria dependia da suposta existência de um oposto, o Oriente, passivo, estático, despótico e sensual, ao passo que o Ocidente era ativo, dinâmico, livre e racional.[62] A tendência persistente (mesmo de parte de intelectuais soviéticos) de retratar a Rússia como um despotismo asiático, insere-se com grande facilidade nesse discurso.

As implicações potencialmente racistas dessa concepção, baseada na exclusão e na declarada superioridade, devem ser muito claras. O Orientalismo, por isso mesmo, adaptou-se facilmente às teorias raciais biológicas dos darwinistas sociais do século XIX e dos protofascistas.[63] A experiência dos nazistas (que, incidentalmente, não sentiam escrúpulos em invocar, a três por dois, a civilização européia) apelou explicitamente para essas teorias desacreditadas, embora as mesmas suposições ideológicas persistam ainda hoje, geralmente escondidas por trás de um discurso sobre "diferenças culturais".[64] O principal fator a desencadear o racismo moderno, decerto, é a recomposição constante da classe operária européia pelas ondas de imigrantes procedentes do Terceiro Mundo. As questões colocadas por esse processo enfatizam a natureza problemática do atual culto da Europa. Onde se enquadram agora, na "Europa radicada no Cristianismo Romano" de Kundera, os milhões de descendentes dos súditos coloniais ou semicoloniais que ora vivem na CE, e os indianos, argelinos, turcos, bangladeshis, indonésios, paquistaneses, afro-caribenhos, vietnamitas?

A reativação corrente dos medos patológicos tradicionais provocados pelo Islã — produto sobretudo da Revolução Iraniana e da ascensão concomitante do fundamentalismo islâmico como desafio aos interesses ocidentais — encerra profundos perigos de polarização racial, dado o fato de que a Europa Ocidental abriga agora uma substancial minoria muçulmana. A histeria antimuçulmana, que o episódio Rushdie mostrou que se estende bem além da direita extremada e atinge grande parte da *intelligentsia* liberal, pode transformar-se em uma paranóia mais geral, na qual a Europa — juntamente com o que Kagarlitsky chama de seus prolongamentos "pós-europeus" nos Estados Unidos e URSS — se veja ameaçada por uma maré montante de irracionalismo arcaico.[65] Os mais prováveis beneficiários disso seriam os irracionalistas nativos da extrema direita européia. A década de 1980 presenciou não só a imposição de controles de imigração mais rigorosos, por governos europeus de todas as cores políticas, mas também o crescimento eleitoral de partidos cuja principal plataforma era o racismo antiimigrantes, como a Frente Nacional, na França, a Republikaner, na Alemanha Ocidental, o Partido do Progresso, na Noruega. O uso do nome de Salman Rushdie por jovens brancos que, de outra maneira, teriam detestado sua política, sua cor, e (o que é muito improvável, se os lessem) seus romances, como insultos racistas dirigidos contra britânicos de origem asiática, constitui indicação do caráter deformado da política cultural na Europa contemporânea.

O resultado de tudo isso não é que todos os que aceitem a "idéia européia" sejam, de alguma forma, racistas enrustidos, mas que a moda corrente de versões higienizadas da "herança" européia obscurece a problemática e o caráter contraditório dessa herança (a dificuldade consiste exatamente no fato de tantos documentos de barbarismo serem *também* documentos de civilização: se não fosse assim, a rejeição pura e simples seria mais apropriada do que o "cauteloso desapego" de que falava Benjamin); e ela pode, potencialmente, combinar-se — especialmente no recrudescimento do antiislamismo — com um racismo plenamente desenvolvido. De qualquer modo, é uma ilusão a crença de que um senso de identidade européia forneça os meios necessários para desarmar as conseqüências desestabilizadoras do colapso do stalinismo. Politicamente, esse senso de identidade pode assumir várias manifestações. Uma delas seria um Estado Europeu federal, um projeto remotamente plausível a curto ou médio prazo na atual CE, assunto este que estudo em seguida. Outra seria a idéia, muito mais antiga, daquilo que Barraclough chama de "unidade na diversidade": a "Europe des patries", de de Gaulle, retomada pela sra. Thatcher em sua campanha contra a integração da CE, uma comunidade de Estados-nação compartilhando de uma herança comum e cooperando política e economicamente, mas permanecendo juridicamente soberanas.[66] É provável que a desintegração do Império Russo dê novas forças a essa concepção de Europa. Para os europeus do Leste, a adesão à "idéia européia" envolve não apenas a exigência de liberdades democráticas-liberais, mas também a afirmação da autodeterminação nacional. A alegação da Polônia, Tchecoslováquia, Lituânia ou Ucrânia de serem velhas nações européias, sejam elas autênticas ou espúrias, servem para legitimar a reivindicação de independência nacional.

Neal Ascherson, que tem sido durante muitos anos um defensor eloqüente dessa dialética entre uma identidade européia mais ampla e reivindicações nacionais, enfatizou as conseqüências fissíparas que ela provavelmente terá no rastro das revoluções de 1989:

> A Europa é uma tensa colcha de retalhos. Algumas dessas tensões, embora persistentes, são inofensivas. Outras podem ter grande poder destrutivo, originando-se de ódios históricos. No Ocidente, essas feridas estão geralmente abertas. Na zona "ex-soviética", elas foram escondidas pelo tabu durante 40 anos e ninguém sabe quanto de sua morbidez conservarão depois de retirado o curativo.[67]

Muitos desses conflitos potenciais — Ascherson contou 46 queixas nacionais e disputas de fronteiras envolvendo Estados europeus — surgiram de reivindicações legítimas de autodeterminação por parte de povos oprimidos, notadamente nos casos das várias etnias na URSS. As possessões russas na Transcaucásia e na Ásia Central, constituídas principalmente por conquistas dos Romanovs nos séculos XVIII e XIX, formaram, afinal de contas, o último dos velhos impérios coloniais europeus. Mas, mesmo neste caso, como o conflito entre a Armênia e o Azerbeijã por Nagorno-Karabakh indicou, movimentos de independência legítimos podiam perder o rumo e se transformar em ferozes conflitos entre etnias (sem dúvida, com um pequeno empurrão de Moscou). Jerry Hough argumenta que o aumento do nacionalismo nas várias repúblicas soviéticas foi uma das cartas mais fortes de Gorbachev, tanto por causa das divergências entre as etnias quanto por motivo da reação chauvinista russa desencadeada pelas exigências das mesmas.[68] Em outros países, o colapso do stalinismo ajudou movimentos políticos a subir ao poder despertando pavorosos ódios atávicos: em abril de 1990, as eleições levaram de enxurrada ao poder, tanto o Fórum Democrático Húngaro, um partido bastante disposto a explorar o anti-semitismo e velhos sonhos de restaurar as fronteiras da Hungria de antes de 1939, a expensas da Tchecoslováquia, Romênia e Iugoslávia, quanto os nacionalistas croatas, que tinham o apoio dos veteranos do movimento pró-nazista Ustashe e que se beneficiaram com o coice dado pelo agressivo expansionismo sérvio, defendido pelo regime stalinista de Slobodan Milosevic. A *Velha* Europa, a Europa cujas lutas por poder e conflitos nacionais lançaram o mundo na guerra, levantava-se de sua sepultura.

Um dos muitos paradoxos das revoluções no Leste Europeu foi que elas fortaleceram os (e talvez tenham ajudado a promover a proliferação de) Estados-nação como forma principal de comunidade política no mundo moderno, isso exatamente na ocasião em que a internacionalização do capital lhe estava solapando o poder econômico. Tal contradição entre a integração econômica global e o Estado-nação constituiu realmente um dos principais fatores que levaram às propostas para integrar ainda mais a CE. O acordo para criar o Mercado Único Europeu em 1992, bem como o projeto de união econômica, monetária e política, foram em grande parte uma reação à crença, compartilhada em geral pelas classes dominantes do Ocidente na década de 1980, de que a CE estava em uma posição competitiva débil em comparação com os Estados Unidos e o Japão. Realmente, até que as revoluções na Europa transformassem a posição da Alemanha, um dos principais temas da propaganda reaganista e thatcheriana era a "estagnação", à qual estava supostamente condenada a Bundesrepublik. Uma avaliação muito mais racional das tribulações da CE foi feita por Paul Kennedy, que argumentou que, "potencialmente, a CE tem evidentemente o tamanho, a riqueza e a capacidade produtiva de uma grande potência", cujo PNB conjunto lhe permitiria igualar-se ao "sistema" militar das superpotências. "Ainda assim", continua ele, "o poder real e a influência da Europa no mundo são muito menores do que sugeriria o total bruto de sua força econômica e militar — simplesmente por causa da desunidade".[69]

A preocupação com a aparente desvantagem tecnológica da Europa Ocidental, em comparação com os Estados Unidos e Japão, a ausência de um mercado interno unificado, a necessidade de emprego enérgico do poder do Estado nos conflitos crescentes sobre comércio entre as grandes economias do Ocidente, a visível mudança do Atlântico para o Pacífico como o principal eixo do sistema mundial, contribuíram para criar a base política de propostas para transformar a CE, de um mercado comum em uma unidade político-econômica possuidora de alguns dos aspectos de um Estado federativo. Até mesmo os conflitos entre os grandes Estados do Ocidente europeu ajudaram na formação desse processo. O desejo franco-italiano de participar do controle do Sistema Monetário Europeu, realmente dominado pelo Bundesbank da Alemanha Ocidental, por exemplo, resultou na elaboração do Relatório Delors, em abril de 1989, que continha a proposta radical de "uma *transferência do poder decisório* dos estados-membros para a Comunidade como um todo (...) nos campos da política monetária e gestão macroeconômica" — uma medida que, se implementada, assinalaria o primeiro passo real de uma associação confederativa para um Estado Europeu Federativo.[70] Receios sobre o impacto estilhaçador da reunificação alemã encorajaram também, conforme vimos, apelos para que se acelerasse o processo de união política e econômica.

É discutível se as revoluções no Leste europeu acelerarão ou atrasarão realmente a integração da CE. Muito dependerá de se a absorção da

Alemanha Oriental, ao alterar as prioridades e aumentar a autoconfiança da classe dominante da Europa Ocidental, infligirá sério dano ao eixo Bonn-Paris, que tem sido a base de sustentação da CE desde os tempos de Adenauer e de Gaulle. O certo é que, ao contrário das ilusões alimentadas com extraordinária ingenuidade pelos novos governos da Europa do Leste, a CE ora existente relutará muito em agravar os sérios problemas que já enfrenta, criados pela distância econômica que separa as nações do norte e sul da Europa, com a incorporação dos empobrecidos e instáveis sucessores dos regimes stalinistas. As portas da Comunidade não serão apressadamente abertas para receber os europeus do Leste (exceto, claro, no caso especial da Alemanha Oriental). De qualquer modo, mesmo supondo que os conflitos de interesses entre os Estados da Europa Ocidental fossem superados e se estabelecesse uma CE mais federativa, embora geograficamente limitada, não está claro como isso contribuiria para remediar os problemas diagnosticados na primeira parte deste capítulo. Os preparativos para o Mercado Único Europeu deram alguma indicação do provável resultado de uma maior integração da Comunidade. Empregadores dos países mais ricos da comunidade tentaram usar a abolição iminente das barreiras comerciais intra-européias a fim de exigir que seus empregados aceitassem reduções de salário e de condições de trabalho para níveis mais próximos dos vigentes nos países mais pobres do Mediterrâneo. A incorporação de 18 milhões de alemães orientais qualificados, embora mal pagos (pelos padrões do norte da Europa), agravaria essas pressões. Externamente, embora os receios mais extremados despertados por uma "Fortaleza Europa" na América do Norte e no Leste asiático talvez venham a se revelar um exagero, a verdade é que uma CE mais forte e mais unificada se conduzirá mais agressivamente em um bloco ocidental cada vez mais dividido por desavenças comerciais. A presença militar reduzida das superpotências no continente levaria também, inevitavelmente, a um maior papel estratégico para a Europa Ocidental, ou fenômeno este, até certo ponto, prefigurado pelo maior envolvimento europeu, sob a égide da OTAN, no Mediterrâneo, e pelas atividades da França no Oceano Índico. Uma CE mais forte contribuiria mais para a anarquia global do que para contê-la.

Convicções em sentido contrário, pelo menos de parte da esquerda, repousam na idéia, mencionada no início desta seção, do "modelo europeu" de capitalismo socialmente regulamentado, que fornece uma alternativa ao capitalismo selvagem de mercado livre da nova direita. A esse respeito, escreve Paul Hirst:

> As economias industrializadas mais bem-sucedidas — do Japão e Alemanha Ocidental, do norte da Itália e Suécia — não preferiram uma luta econômica generalizada. Muito ao contrário, adotaram estratégias de coordenação econômica, regulamentação regional e cooperação entre indústria,

comércio e Estado. Na Itália e Japão, principalmente no nível regional, essas estratégias ajudaram a compensar as falhas de seus sistemas políticos nacionais. A Grã-Bretanha e os Estados Unidos voltaram-se contra essas estratégias, deixando de perceber os benefícios econômicos de uma cultura política mais cooperativa, valorizando acima de tudo a soberania do mercado e o direito da gerência da empresa de administrá-la a seu talento.[71]

A dificuldade com esse tipo de contraste é que, em primeiro lugar, exagera a diferença entre os modelos "anglo-saxão" e "euro-japonês". Conforme vimos na seção anterior, a intervenção do Estado na economia, incluindo o emprego das clássicas técnicas keynesianas de administração da demanda, permaneceu como aspecto básico de *todos* os países capitalistas avançados na década de 1980, qualquer que fosse a cor política de seu governo. Houve, realmente, diferenças importantes na forma assumida por essa intervenção, mas igualar os papéis de órgãos públicos tão diferentes como, digamos, o Ministério de Comércio Internacional e Indústria, do Japão, e o Bundesbank, da Alemanha Ocidental, a um modelo comum responsável por sucesso econômico relativo implica uma simplificação excessiva, grosseira e enganosa. Em segundo, uma comparação estática de "modelos" supostamente diferentes deixa de explicar a *direção* da política econômica nas décadas de 1980 e 1990. Como observam corretamente John Grahl e Paul Teague, o Mercado Único Europeu assinalara a "culminação" de um "avanço neoliberal" no qual

> a campanha para uma reiterada subordinação da força de trabalho encontrou unidade e direção na exigência de *flexibilidade da mão-de-obra*, ao mesmo tempo que a desregulamentação, a reforma dos sindicatos e as reduções de impostos contribuíam para alargar o campo de ação das empresas, neste momento revalorizadas social e culturalmente para se tornarem não só instrumentos indispensáveis do progresso econômico, mas também razões privilegiadas de valor e significado.[72]

Toda tentativa de identificar na social-democracia européia a portadora política de uma alternativa econômica ao *laissez-faire* é desmentida pelo papel central desempenhado pelos partidos da Segunda Internacional nesse "avanço neoliberal". Com um bom número de exceções (Kohl, Genscher, Thatcher), as principais personalidades políticas da Europa Ocidental da década de 1980 e início da de 90 foram social-democratas: Mitterrand, González, Craxi, Palme, Papandreou. O currículo dos "euro-socialistas" no poder tem sido uniformemente negativo. Alguns nem mesmo se mantiveram fiéis à idéia de uma alternativa ao neoliberalismo: Gonzáles, por exemplo, contentou-se, na Espanha, em recolher os dividendos políticos do seu papel na construção de um estável regime pós-franquista. Papandreou, depois de igualmente se beneficiar com as medidas de modernização social que se seguiram à eleição do PASOK em 1981, implementou em 1985 medidas de austeridade de tipo thatcheriano, as quais provocaram os mais ferozes conflitos sociais da década no Ocidente. O mais importante governo social-democrata do continente e o único a tentar uma ampla nacionalização e a adotar políticas econômicas anticíclicas, o governo Mitterrand na França mudou de linha em 1983, em resposta à fuga maciça de capitais e às pressões exercidas sobre o franco pelo Sistema Monetário Europeu dominado pela Alemanha Ocidental.

Em 1990, "Mitterrand, o monetarista" estava recebendo elogios muito irônicos do *Financial Times,* que o comparava, com vantagem, à sra. Thatcher, por ter adotado "uma política deflacionária obstinada" após 1983:

> Os contrastes com o Reino Unido são notáveis. Naquilo que começou como a França keynesiana do sr. Mitterrand, a liberalização monetária cresceu em 53% entre 1983 e 1989; no mesmo período, ela cresceu em 142% na Grã-Bretanha supostamente monetarista da sra. Thatcher. O governo socialista do sr. Mitterrand só permitiu que os salários reais subissem em menos de 6% entre 1983 e 1989, enquanto o tratamento alegadamente duro dispensado pela sra. Thatcher ao trabalho organizado produzia aumentos nos salários reais de 20%. Sob o sr. Mitterrand, a taxa de desemprego subiu de 8,3% em 1983 para um recorde de 10,4% em 1987, e ainda permanecia em 9,4% em fevereiro de 1990. Sob a sra. Thatcher, a taxa de desemprego atingiu o recorde de 11,4% em 1986, mas caiu com grande rapidez para 6,1% em fevereiro de 1990.[73]

Tampouco se poderia achar muito consolo olhando para fora da CE, para a Áustria e a Suécia, essas fortalezas da social-democracia neutralista, que supostamente haviam conseguido evitar os rigores neoliberais impostos em outros países. O final da década de 1980 presenciou uma reorganização em grande escala do capitalismo austríaco, envolvendo, em particular, a contração e disciplinas de mercado muito mais duras, das indústrias austríacas de propriedade do Estado. As revoluções no Leste europeu e suas conseqüências desviaram a atenção da virtual desintegração do governo Carlsson na Suécia, depois que empregadores e sindicatos votaram contra uma proposta de congelamento salarial em fevereiro de 1990. O colapso completo do "corporativismo" sueco, que implicara colaboração sistemática entre os governos (geralmente social-democratas), grandes empresas, e burocracia sindical, ocorreu em meio a uma onda de greves e *lock-outs* e contra o pano de fundo de uma crise econômica que se agravava. Seus principais aspectos — um déficit projetado do balanço de pagamentos de quase 4 bilhões de esterlinos em 1990, preços e custos unitários do trabalho crescendo duas vezes mais que a média ocidental, crescimento econômico que era o segundo mais baixo da OCDE

— lembravam mais a Grã-Bretanha da sra. Thatcher em fins da década de 1990, do que a inclusão da Suécia por Hirst entre "as mais bem-sucedidas economias industriais do mundo moderno" nos levariam a esperar.[74]

Muito longe de corporificar qualquer modelo singular de desenvolvimento, a Europa Ocidental, em princípios da década de 1990, parecia estar experimentando o mesmo processo que rachara os regimes stalinistas, aquilo que Chris Harman chamou de "transição do capitalismo nacional para o capitalismo multinacional". Nem os Estados-nação nem o Estado protofederal que a CE poderia vir a ser formavam qualquer arcabouço real para conter e controlar as operações do mercado mundial, cujo poder parecia crescer a cada ano. Será que não há realmente alternativa a esse mercado todo-poderoso?

4
Além do Mercado

"Abaixo o comunismo."

Grafito em uma parede de Bucareste, sob o qual outra pessoa escreveu:

"O que significa esse fenômeno? Nós nunca o experimentamos!"

4.1 A NECESSIDADE DE PLANEJAMENTO

De modo absurdo, mas talvez não surpreendente, grande parte da esquerda acredita agora que não há alternativa ao mercado como fundamento para se dirigir uma economia avançada. Essa profunda mudança política e intelectual ganhou velocidade durante toda a década de 1980. Tinha por Bíblia o livro de Alec Nove, *The Economics of Feasible Socialism*, (1983). A insistência de Nove de que qualquer programa socialista praticável tinha que depender de mecanismos de mercado foi retomada por um grupo de intelectuais britânicos, organizado muito ironicamente sob a égide daquela velha cidadela do estatismo, a Sociedade Fabiana, mas contando com encorajamento oficial do Partido Trabalhista, modelo novo, de Neil Kinnock. Esse grupo — que incluía, entre outros, David Miller, Raymond Plant e Julian Le Grand — lançou-se à construção de modelos de "socialismo de mercado".[1] Muitos dos europeus orientais que haviam sido proponentes dessa idéia, que estivera em moda durante o período de reforma econômica da década de 1960, já pareciam nesse momento, porém, ter aceito o mercado *tout court*. Wlodzimierz Brus, por exemplo, aparentemente reduz o papel do socialismo a apenas um conjunto de valores que promovam a gestão humanitária das economias de mercado.[2] Até mesmo a nova esquerda que emergia das ruínas do stalinismo parecia, às vezes, tolerar a idéia de que uma maior confiança nos mecanismos do mercado assinalaria um progresso econômico na URSS e na Europa Oriental.[3]

Sob alguns aspectos, a popularidade do mercado era bastante compreensível. A economia de comando burocrático stalinista representava a forma mais extrema assumida pelo estatismo de esquerda, mas até mesmo os social-democratas de direita, adversários da nacionalização em grande escala, como Anthony Crosland, tendiam a identificar socialismo com administração estatal da economia nacional, através de técnicas keynesianas de gerenciamento da demanda. As crises econômicas da década de 1970 e de princípios da década de 1980, porém, demonstraram os fortes limites da administração econômica nacional na era do capitalismo multinacional: o colapso do programa econômico keynesiano de esquerda do governo Mitterrand em 1981-83 constituiu, provavelmente, o episódio mais dramático desse processo. A recuperação das economias avançadas, saindo da recessão de 1979-82, quando comparada com a estagnação do bloco stalinista, serviu ainda mais para destacar a força visível e a eficiência relativa do capitalismo liberal. As revoluções do Leste europeu não poderiam deixar de robustecer a mesma conclusão, a de que — nas palavras de Tim Garton Ash — "não há uma 'economia socialista' há apenas economia. E economia significa não uma economia de mercado socialista, mas uma economia de mercado social".[4]

O entusiasmo da esquerda pelo mercado, portanto, não é tão surpreendente assim, dado o seu anterior estatismo. É ainda absurdo, embora esse fato seja habitualmente disfarçado pelos termos teóricos em que são comparadas e planejadas as economias de mercado. É característica a apresentação do argumento por Nove: a despeito de seus protestos em sentido contrário, ela implica basicamente comparar um modelo idealizado de mercado que não é encontrado em parte alguma, salvo nos manuais neoclássicos, com o "socialismo realmente existente", isto é, a economia de comando burocrático stalinista. E repete em grande medida os argumentos de economistas neoliberais, tais como Ludwig von Mises, Lionel Robbins e Friedrich von Hayek, no rescaldo imediato da Revolução de Outubro. Argumentaram eles que uma economia socialista planejada não pode solucionar o problema de alocar racionalmente recursos para usos diferentes. Escolher o melhor uso de um dado recurso depende de se poder calcular os custos e benefícios envolvidos nas várias alternativas. Os preços de mercado, refletindo a oferta e a demanda de bens e serviços, proporcionam a necessária informação: dão ao capitalista meios de determinar o emprego mais lucrativo dos recursos à sua disposição. O socialismo, ao suprimir preços e moeda, que tornam possível tratar todos os bens e serviços como substituíveis uns pelos outros, destrói esse sistema de cálculo, sem colocar outro em seu lugar. Concluiu Mises: "Todos os passos que nos afastam da propriedade privada dos meios de produção e do uso de moeda afastam-nos também da economia racional", colocando-nos na direção do "recurso (...) ao produto insensato de um aparelho absurdo."[5]

Esse argumento, porém, não passou sem contestação, ao ser apresentado pela primeira vez no período entre as guerras. Fred Taylor e Oskar Lange, por exemplo, demonstraram que eficiência alocativa podia ser conseguida em uma economia planejada, onde existiria ainda mercado para a força de trabalho e bens de consumo, mas não para bens de investimento.[6] Nove, no entanto, preocupa-se menos com essas comparações de modelos teóricos do que com uma tentativa de demonstrar a eficiência alocativa superior do mercado sobre o planejamento, através de uma discussão minuciosa das irracionalidades da economia de comando stalinista. Em primeiro lugar, a eliminação do mercado em uma economia moderna complexa leva, necessariamente, à construção de estruturas burocráticas centralizadas, a fim de coordenar a vasta faixa de atividades produtivas empreendidas por uma economia desse tipo: "A eliminação da produção de mercadorias, com produção para uso e não para troca, implica um grau de centralização, que tem uma burocracia de planejamento de muitos níveis, hierarquicamente organizada, como seu acompanhamento funcionalmente inescapável." Em segundo, "a maioria dos problemas que ora afligem a economia soviética (...) decorrem, direta ou indiretamente, *da vasta escala e interdependências inumeráveis* da moderna economia industrial". A incapacidade dos planejadores centrais de processar as enormes quantidades de informações necessárias para que possam realizar seu trabalho dá origem a uma luta caótica entre ministérios e empresas públicas. Em terceiro, a única alternativa a esse sistema é oferecida por uma economia de mercado. "Em uma economia industrializada complexa, a inter-relação entre suas partes pode basear-se, em princípio, ou em contratos livremente negociados ou em um sistema de instruções de cumprimento compulsório, emanadas de um departamento central. Não há terceiro caminho." E o mercado, oferecendo um conjunto de preços formados competitivamente, que refletem a distribuição da oferta e de demanda, representa uma forma de organização que é simultaneamente mais eficiente e mais democrática do que o planejamento".[7]

Os argumentos de Nove foram submetidos uma crítica detalhada e convincente, especialmente por Chris Harman e Ernest Mandel.[8] Não tenciono repetir-lhes as razões com grandes minúcias. Mas não posso enfatizar o suficiente como é viciada a comparação de Nove entre economias planejada e de mercado. Por um lado, ele afirma que a economia planejada tem necessariamente de assumir a forma do sistema de comando burocrático stalinista. Mas em que sentido podem as economias stalinistas ser descritas como planejadas? Na tradição marxista clássica, o planejamento é entendido como a alocação de recursos com base em decisões tomadas coletiva e democraticamente pelos produtores associados. Acreditava Marx que tal sistema de alocação *ex ante*, no qual decisões sobre o uso dos recursos procurariam prever e modelar o desenvolvimento da economia como um todo, em vez de reagir *ex post* aos sinais proporcionados pela flutuação dos preços como reação a mudanças na oferta e demanda, produziria dois benefícios, entre outros: o consumo se tornaria a meta da produção, e não a auto-expansão do capital, enquanto os produtores diretos seriam capazes de determinar coletivamente seu destino, ser autônomos, em um sentido que lhes é negado pelo capitalismo.

Ora, é mais do que claro que o sistema stalinista, em nenhum sentido, se assemelha a uma economia planejada. E isso acontece não só por causa do caráter autoritário, profundamente antidemocrático, da economia de comando burocrático. Conforme vimos no Capítulo 3, o consumo — e até mesmo o consumo da burocracia — não pode ser descrito como a meta de uma economia orientada maciçamente para a produção de bens de investimento. É a meta do capitalismo — a produção pela produção, como diz Marx — que parece, em vez disso, prevalecer. Tampouco pode esse conjunto de prioridades econômicas ser plausivelmente considerado como um resultado livremente escolhido por planejadores ou pelo Politburo. Ele é, sim, uma conseqüência de pressões competitivas que, desde fins da década de 1920, compeliram o governo soviético a dar prioridade às indústrias pesadas, das quais depende a posição militar da URSS em relação ao Ocidente. Os tipos de irracionalidades e ineficiências que ocupam tanto tempo de Nove — e que foram diagnosticadas muito tempo antes por marxistas como Cliff e Harman — têm origem em um sistema altamente centralizado de controles verticais, erigido na década de 1930 para solucionar o problema de como mobilizar, numa economia atrasada e isolada, os recursos necessários para construir a base industrial do poderio militar.[9] Insistir na necessidade de compreender o contexto histórico em que emergiu a economia de comando burocrático não significa, de maneira nenhuma, negar ou procurar desculpar os crimes inumeráveis e as idiotices sem conta perpetrados na criação e manutenção desse sistema. Implica, no entanto, contestar a idéia de que o sistema stalinista é uma variante (na verdade, se Nove tivesse razão, a única variante praticamente realizável na história) do planejamento socialista. O "socialismo realmente existente" é (e, cada vez mais, era) uma variante do *capitalismo*, na qual a competição militar global forçou a subordinação da produção na URSS à meta da acumulação de capital.

Igualmente enganoso é o outro termo da comparação de Nove. As economias de mercado modernas têm muito pouca semelhança com os modelos competitivos dos manuais neoclássicos. O "capitalismo realmente existente" é caracterizado pela centralização extrema do poder econômico, pelo papel dominante desempenhado pelas grandes empresas, organizadas cada vez mais através de fronteiras internacionais. Nessas empresas, o mercado é eficazmente suplantado, como meio de coordenar as atividades econômicas, por estruturas burocráticas de controle, idênticas, em princípio, às que prevalecem nas economias stalinistas. Nove, na verdade, reconhece a importância das grandes empresas, dentro das quais os elos são os de subordinação-coordenação, isto é, verticais, e não (ou também) horizontais.[10] Mas ele não toca em uma das grandes conseqüências do desenvolvimento dessas estruturas, isto é, no fato de que, como diz Harman, "o desperdício interno e a ineficiência proliferam, enquanto o sucesso em manter cativos mercados durante décadas é freqüentemente acompanhado por descaso pelas inovações e tolerância deliberada à produção de baixa qualidade", constituindo a indústria automobilística americana no período de auge econômico do pós-guerra um exemplo clássico.[11] Conforme indica esse exemplo, firmas que reagem dessa maneira à sua dominação do mercado, provavelmente se tornarão vulneráveis, no fim, à concorrência de rivais novos e mais eficientes: na década de 1970 a Nêmese chegou a Detroit sob a forma das grandes fábricas japonesas de automóveis. Mas isso dificilmente constitui fundamento para celebrar as virtudes do mercado à maneira de Nove e seus colegas, sejam eles neoliberais ou social-democratas. Isto porque, em primeiro lugar, o impacto da concorrência tende a se fazer sentir menos na forma de um processo de ajustamento contínuo, através do qual as firmas menos eficientes se reorganizam e adotam técnicas mais produtivas, do que catastroficamente, com a destruição ou contração drástica de setores inteiros. (Uma das maiores falhas da economia neoclássica, com sua ênfase em alterações marginais, é que ela subestima a extensão em que a mudança envolve uma transformação qualitativa, e não ajustamentos graduais.) Recursos produtivos — trabalhadores, maquinaria etc. — ficam sem uso. Essa forma de desperdício, inerente às economias de mercado, tende a dar origem à intervenção do Estado, que procura impedir o colapso de setores não-produtivos, ao preço de impedir o tipo de reorganização requerido para se obter aumento substancial da produtividade. A reação do Ocidente à quebra das bolsas de valores em outubro de 1987 mostra a extensão em que a manipulação pelo Estado do mercado sobreviveu ao colapso intelectual da economia keynesiana (ver a seção 3.1). Formas extramercado de coordenação, bem como as formas de desperdício e ineficiência que acarretam, são endêmicas no "capitalismo realmente existente".

Esses argumentos não equivalem a dizer que o capitalismo ocidental é mais ineficiente do que, ou mesmo tão ineficiente como, as economias stalinistas. Conforme vimos no Capítulo 2, a integração global do capital, realizada de forma mais completa no Ocidente, colocou as economias capitalistas-estatais burocráticas do Leste em uma situação crescentemente desvantajosa. Mas o colapso de uma variante do modo dominante de produção não deve obscurecer a extensão em que o capitalismo multinacional moderno ainda conserva muitos dos aspectos das economias estatizadas, "organizadas", da era do capitalismo nacional. Tampouco a falência econômica do stalinismo implica que o mercado — ao qual a internacionalização do capital deu maior amplitude — proporciona o melhor contexto no qual a esquerda deva procurar melhorar a condição humana. Muito ao contrário, a crítica marxista clássica do mercado, e do sistema capitalista do qual ele é indissociável, conserva toda a sua força.

Essa crítica usa três principais argumentos contra a economia de mercado: que ela dá origem à *exploração* que é *anárquica* e que torna os seres humanos *não livres.* Vale a pena descrever brevemente a importância, nos dias atuais, de cada uma dessas afirmações. Em primeiro lugar, constitui a pedra fundamental de *O Capital*, de Marx, a comprovação de que um sistema de produção de mercadorias generalizado, onde a força de trabalho em si tornou-se uma mercadoria comprada e vendida no mercado, necessariamente envolve a exploração do trabalho. Os teóricos da nova direita dirigiram parte muito grande de seu poder de fogo contra essa idéia, embora com poucos resultados. Robert Nozick, por exemplo, procura descrever o capitalismo como uma sociedade em que diferenças de riqueza e renda refletem transações voluntariamente empreendidas por cidadãos livres. Mas, mesmo deixando de lado as falhas inerentes a seu argumento, essa descrição parece simplesmente absurda quando comparada com a realidade do capitalismo moderno, com as vastas concentrações de poder econômico representadas por empresas burocraticamente dirigidas.[12] E foi exatamente a desigualdade de poder entre o capitalista, que controla os recursos produtivos da sociedade, e o trabalhador, que nada mais possui do que sua força de trabalho, que Marx identificou como a base da exploração capitalista.

De que maneira os socialistas de mercado reagem à teoria marxista de exploração? David Miller diz que a economia de mercado não é necessariamente exploradora. Ao contrário, "não há fundamentos conceituais profundos para pensar que os mercados não possam alocar recursos de acordo com o merecimento pessoal"; e, na verdade, "há boas razões positivas para considerar os preços de equilíbrio como indicadores de valor, quando se mede merecimento". Para que ninguém se assuste ante a idéia de que as rendas, digamos, de uma enfermeira e de um corretor representam seus méritos relativos, Miller apressa-se a explicar que o tipo de mercado que produzirá um resultado justo é aquele que "recebeu a apropriada estrutura regulamentadora". Essa estrutura parece compreender, em especial, a eliminação das "assimetrias em poder de barganha" entre capital e trabalho que, reconhece Miller, dão origem à exploração. O mercado não explorador de Miller não é, em outras palavras, o tipo de mercado que encontramos no "capitalismo realmente existente", mas um mercado idealizado, do qual foi removido o aspecto responsável pela exploração. A demonstração de que tal mercado é viável ou desejável exigiria que fossem provadas, pelo menos, duas proposições: primeiro, a de que Marx errou quando fez uma de suas predições mais confirmadas, isto é, que a concorrência de mercado implica uma tendência para a centralização e concentração do capital, que produziram o tipo de economia que temos hoje; segundo, a de que, supondo-se que o mercado idealizado de Miller pudesse ser organizado, ele teria virtudes positivas, que o tornariam digno de implementação. Miller não faz nenhuma tentativa de defender a primeira proposição, mas, de fato, alega numerosas virtudes para os mercados, sobretudo que "eles são os meios mais conhecidos para assegurar aos consumidores que eles obterão o que desejam".[13]

Essa afirmação contém uma idealização de proporções mais do que heróicas, em comparação com a realidade de mercado destes inícios da década de 1990. A maioria dos países do Terceiro Mundo sofreu profundamente na última década: a crise de endividamento, em especial, serviu para transferir riqueza dos países pobres para os ricos (ver seção 3.1). A fome abateu-se repetidamente sobre a África, embora — como partidários modernos de Malthus gostariam que acreditássemos — não por causa de uma tendência de o crescimento da população superar a produção de alimentos. Muito ao contrário, como escreveu Anatole Kaletsky no auge da fome na Etiópia em 1984-85,

> no mundo como um todo, há agora mais alimento *per capita* do que em qualquer outro tempo na história; e é provável que a produção de alimentos continue a subir mais rapidamente do que a população durante o resto deste século: a produção de cereais crescerá em 2,5% a 3,5% ao ano, contra um crescimento demográfico mundial de 1,7% ao ano, entre 1980 e o ano 2000, de acordo com projeções do Banco Mundial, do Departamento de Agricultura dos Estados Unidos, e da Organização de Alimentos e Agricultura, das Nações Unidas (FAO). Até mesmo os países em desenvolvimento mais pobres, como grupo, elevaram substancialmente sua produção *per capita* de alimentos desde 1960. De acordo com as atuais tendências, darão passos ainda maiores no ano 2000. No curto prazo, porém, enormes excedentes de cereais e produtos lácteos estão sendo armazenados em silos públicos e em montanhas de manteiga refrigerada em toda a América e Europa.

Os africanos passam fome não por causa da escassez absoluta de alimentos, mas por causa do que Amartya Sen chama de falta de meios; ou, em termos crus, os pobres carecem do dinheiro necessário para comprar o alimento disponível em abundância em escala mundial. Essa situação é uma conseqüência do que Kaletsky descreve como "uma crise financeira e econômica sem precedentes", implicando um "vicioso movimento de pinça de preços de alimentos em elevação, queda nos preços dos produtos básicos exportados e declínio da ajuda". Em 1984, o endividamento externo da África representava 58% do PNB, em comparação com os 46% da América Latina. Era a pobreza da África, decorrente de sua posição no mercado mundial, o que provocava a fome.[14]

Tampouco a pobreza se limita à periferia do sistema. Na década de 1980, as desigualdades sociais e econômicas aumentaram nas economias avançadas, principalmente em países como os Estados Unidos e a Grã-Bretanha, onde os governos da nova direita reduziram o imposto de renda dos ricos e os pagamentos da seguridade social dos pobres. Em 1988, havia nos Estados Unidos quase 32 milhões de indivíduos situados abaixo da linha oficial de pobreza, em comparação com cerca de 24,5 milhões uma década antes, um aumento de 11,5% para 13% da população. O aumento da pobreza refletia uma redistribuição ocorrida na sociedade americana, dos pobres para os ricos. A Comissão de Orçamento da Câmara dos Deputados estimava que os 5% mais ricos das famílias americanas aumentaram sua participação na renda antes do pagamento do imposto, de 21,4% para 26,2% em 1980-1990, enquanto a parcela dos 20% mais pobres caía de 4,5% para 3,7%. Tampouco ocorria uma mudança relativa: os 20% das famílias americanas mais ricas tinham visto a sua renda real crescer em 31,7%, enquanto os 20% mais pobres ficavam 3,2% mais pobres.[15] Políticas semelhantes sob o governo da sra. Thatcher, na Grã-Bretanha, geraram elevações dramáticas nos níveis de pobreza e falta de moradia, e uma visível "americanização" da vida social, refletida, por exemplo, na Cidade de Papelão, o acampamento miserável de gente que vivia nas ruas, ao longo dos teatros e museus do South Bank, em Londres. O conseqüente agravamento das tensões sociais criou o clima no qual ocorreram os piores distúrbios de rua em um século no país, e que tiveram lugar na Trafalgar Square, no dia 31 de março de 1990, ao fim de uma demonstração contra o imposto *per capita* sobre moradia, uma medida que pôs em destaque o esforço do governo de tirar dos pobres para dar aos ricos.

Se o mercado, como atualmente existe, é realmente o "melhor meio conhecido para garantir aos consumidores obter o que querem", então o futuro da humanidade será, sem dúvida alguma, muito sombrio. Marx argumentou que as desigualdades sócio-econômicas sistemáticas, características do mundo moderno, eram constantemente reproduzidas pela exploração capitalista. Aparentemente, não há boa razão para acreditar que ele se enganou. Marx, porém, não condenou o capitalismo simplesmente porque ele se baseia na exploração de classes. Considerava-o como o mais dinâmico dos modos de produção classistas. Os seus dois aspectos mais fundamentais — a exploração do trabalho assalariado e a competição entre os capitais — tornavam possível uma expansão enorme das forças produtivas sob o capitalismo. Simultaneamente, contudo, esses próprios aspectos implicavam que a humanidade não se beneficiava inteiramente com o potencial produtivo criado pelo capitalismo. O caso da fome, mencionado acima, oferece uma explicação: a posição vulnerável dos africanos dentro do mercado mundial explica por que tantos deles vivem à beira da inanição, mesmo que o progresso técnico tenha permitido que a produção de alimentos supere o crescimento demográfico. As relações capitalistas de produção, que condicionam o acesso da pessoa aos recursos, à quantidade de dinheiro que ela possui, significam que o desenvolvimento das forças produtivas não leva a um aumento correspondente do bem-estar.

Esse conflito entre forças e relações de produção é mais grave no tocante ao caráter anárquico do capitalismo. A competição entre capitais constitui um aspecto inerente a esse modo de produção, embora a forma que assume tenha variado de acordo com o estágio do desenvolvimento capitalista e com a maneira como mudaram os próprios agentes da competição: das firmas familiares da era vitoriana, passando pelos capitais estatais militarizados na primeira metade deste século, e chegando às empresas multinacionais do presente. Em todas essas fases, não houve no capitalismo qualquer regulamentação geral da produção: a alocação de recursos em diferentes setores da economia tem sido resultado de uma luta competitiva na qual cada capital cuidou de sua própria auto-expansão, e não do desenvolvimento estável do sistema como um todo. Conseqüentemente, como disse Marx, "um equilíbrio é em si mesmo um acidente, dada a natureza espontânea dessa produção".[16] Não apenas a oferta e a demanda de um bem específico podem deixar de corresponder, mas um fracasso *generalizado* do mercado, no qual ocorra um desequilíbrio geral de oferta e demanda, é uma possibilidade inerente ao capitalismo em função da natureza fragmentada e *ex post* do processo decisório próprio da produção de mercadorias. Essas situações são, claro, muito mais do que possibilidades abstratas. A história do capitalismo tem sido caracterizada pelas oscilações de altas e baixas da atividade econômica, nas quais os desequilíbrios entre oferta e demanda criados pela competição têm sido corrigidos por recessões generalizadas. O processo põe em foco o desperdício endêmico à economia de mercado, uma vez que o equilíbrio é restabelecido em recessões, através das quais se permite que recursos produtivos — trabalhadores, maquinaria, prédios e terra — permaneçam sem uso, até que a conseqüente queda de seus preços torne lucrativo o reinício da produção e novos investimentos. O movimento do desenvolvimento capitalista assume uma forma de espiral, na qual produto e produtividade tendem, no longo prazo, a aumentar, embora a tendência seja salpicada por crises que cobram um pesado tributo em sofrimento humano e produção perdida.

A história do capitalismo compreende também esforços para impor alguma forma de regulamentação social à anarquia do mercado. A ascensão, no início deste século, do que Hilferding chamou de "capitalismo organizado", pareceu oferecer a esses esforços sua melhor esperança: não apenas os mercados foram cada vez mais manipulados por grandes empresas, mas o próprio capital tende a se integrar com o Estado-nação. Um certo grau de regulamentação dentro das fronteiras dos Estados-nação, no entanto, foi comprado ao preço da anarquia global, na medida em que os capitais estatais militarizados procuravam dividir o globo entre si. E o longo período de expansão econômica que se seguiu à última divisão, em fins da Segunda Guerra Mundial, promoveu uma internacionalização do capital que reduziu profundamente o poder econômico antes possuído pelo Estado-nação. Nos últimos 20 anos, o mundo entrou em uma era muito mais "desorganizada", à medida que os fluxos de capitais e bens escapavam do controle nacional.[17] Conforme vimos no Capítulo 3, essas mudanças foram parte de um movimento mais geral da economia mundial no sentido de uma nova era de instabilidade. Na medida em que as revoluções no Leste europeu contribuírem para a redução da regulamentação econômica pelo Estado, elas promoverão também o desenvolvimento do "capitalismo desorganizado". O resultado talvez seja algumas fases de crescimento muito rápido, mas é provável que elas sejam também acompanhadas por recessões igualmente profundas. Uma economia mundial menos regulamentada pode muito bem caracterizar-se pelo tipo de montanha-russa, com fortes altas e baixas da atividade econômica, que constituíram um aspecto crônico do capitalismo antes da Segunda Guerra Mundial.

O capitalismo, porém, não é apenas explorador e anárquico: também nega a seres humanos o controle de suas próprias vidas. Os defensores do mercado tendem a valorizá-lo como arauto da liberdade individual, em virtude da maior opção de escolha que oferece aos atores econômicos. Ora, Marx não descartou sumariamente essas alegações. Reconheceu que a capacidade do trabalhador de escolher entre empregadores e, até certo ponto, dirigir seu consumo de acordo com o gosto pessoal em suas compras, era um dos aspectos em que o capitalismo representava progresso, em comparação com modos mais antigos de produção, como a escravidão e o feudalismo.[18] Não obstante, insistiu no caráter *formal* da liberdade sob o capitalismo: acima de tudo, a falta de acesso do trabalhador a outros recursos produtivos que não sua força de trabalho compelia-o a aceitar emprego em termos que implicavam sua exploração. Mais uma vez, há pouca razão para mudar esse juízo. Apologistas do mercado dão grande relevo à "opção do consumidor". Mas, para começar, a capacidade do consumidor de comprar bens depende de sua renda, que, por seu lado, reflete sua posição no mercado de trabalho. A pobreza generalizada nos países desenvolvidos, que já comprovamos antes, significa que a opção de muitos é seriamente limitada pelos baixos salários ou pelos benefícios da seguridade social que recebem. Além disso, as alternativas abertas até mesmo aos mais bem pagos são limitadas pela dominação, no Ocidente, dos mercados de varejo por algumas grandes empresas. Na Grã-Bretanha, por exemplo, cinco companhias eram responsáveis, em 1988, por 74% das vendas de secos-e-molhados empacotados e, se as atuais tendências persistirem, três cadeias de supermercados dominarão três quartos das vendas de alimentos a varejo até 1995.[19] O desenvolvimento de "mercados cativos", voltados especialmente para consumidores de alta renda durante a recuperação da década de 1980, deu razões à crença de que os mercados de massa estavam se esfacelando, embora a realidade pareça ser mais a do aparecimento de novas redes de varejo, de modo que a Benetton e a Body Shop possam assumir seu lugar ao lado da Safeway e da Marks and Spencer. A globalização do capital traz em seu rastro mais padronização ainda dos tipos de consumo, da qual a chegada da McDonald's a Moscou parece ser um símbolo apropriado.

O capitalismo, porém, não oferece ao indivíduo somente liberdade sujeita a limites rigorosos: impede sistematicamente que ele consiga autonomia, entendida como o controle coletivo, por seres humanos, de suas próprias vidas. A fragmentação da experiência social sob o capitalismo estimula o indivíduo a considerar sua vida pessoal como a única fonte de significado. O "processo de personalização", analisado por Gilles Lipovetsky, a maneira como as opções do consumidor adquirem importância fundamental, na medida em que vêm a envolver a escolha de um estilo de vida no qual é envolvida a própria personalidade da pessoa, constitui um dos sintomas do forte investimento emocional da vida privada sob o capitalismo moderno, bem como de seu oposto, o esvaziamento de significado do mundo público.[20] Mas não acontece apenas que essa condição corresponda ao que Marx chamou de alienação, uma vez que os seres humanos são incapazes de se realizarem através de um engajamento compartilhado no mundo. Ocorre também que a falta de autonomia nos coloca em circunstâncias de perigo direto e crescente.

A tendência para que as conseqüências das ações humanas se distanciem das expectativas de seus iniciadores é grandemente fortalecida pelo caráter fragmentado e anárquico da produção capitalista. Por esse motivo, Marx explicou a possibilidade de que a taxa de lucro caia em função das atividades, (em última análise, contraproducentes) de capitais individuais no sentido de aumentar seus lucros mediante a adoção de inovações poupadoras de trabalho.[21] Nos últimos anos, no entanto, tornou-se claro que o desenvolvimento sem controle das forças produtivas está ocasionando danos inesperados e potencialmente catastróficos ao meio ambiente. Decerto, o mais importante desses efeitos é a prova crescente de aquecimento global, como resultado da acumulação de dióxido de carbono e outros gases na atmosfera, e a destruição da camada de ozônio pelos clorofluorocarbonos e outros produtos químicos industrialmente produzidos. É difícil prever o resultado provável de tudo isso, uma vez que estão em jogo interações altamente complexas entre várias forças e processos, embora alguns cientistas se recusem a excluir a possibilidade de rápidas e drásticas mudanças climáticas, trazendo em seu rastro devastações de grande magnitude.[22] Evitar o desastre — talvez a destruição da humanidade — exige a mobilização de recursos em escala mundial. É simplesmente inconcebível que os esforços necessários, por exemplo, para plantar árvores e reduzir as emissões de carbono na escala requerida para reverter o aquecimento global possam ser organizados no contexto do mercado. Afinal de contas, é a busca competitiva do lucro a principal causa da destruição ambiental. A ameaça, por exemplo, à floresta amazônica vem de um conjunto de forças sociais — especuladores de terras, criadores de gado, barões da borracha e camponeses sem-terra — cujas lutas refletem as contradições mais amplas do capitalismo brasileiro.[23] A possibilidade de uma catastrófica mudança climática põe em destaque o conflito entre a necessidade de cooperação global, a fim de se proceder a uma administração racional do meio ambiente, e a organização predominante no mundo de Estados e empresas que competem entre si. Nossa falta de autonomia não é simplesmente um mal moral, mas um perigo mortal.

O capitalismo, portanto, está condenado. É necessária uma nova forma de sociedade que elimine a exploração, acabe com a anarquia inerente ao capitalismo e implante o tipo de relacionamento coletivamente regulamentado com nosso ambiente natural, sem o qual a humanidade pode perecer. Marx acreditava que tais exigências poderiam ser realizadas pelo comunismo, o governo dos produtores associados. Discuto alguns aspectos desse tipo de sociedade na seção 4.3, na qual voltarei a algumas das afirmações feitas em defesa do mercado. Em primeiro lugar, porém, examinemos o contexto político no qual o capitalismo pode ser eliminado.

4.2 DEMOCRACIA SOCIALISTA *VERSUS* DEMOCRACIA LIBERAL

Atualmente, é corriqueiro associar socialismo e democracia. Após o stalinismo toda a esquerda concorda em que o socialismo só poderá progredir se assumir uma forma democrática. "Democracia" aqui, no entanto, é em geral identificada com uma forma institucional específica, a da democracia liberal moderna. Algumas observações de Agnes Heller são muito representativas a esse respeito. O que ela chama de "caráter 'formal' das democracias modernas" é essencial: a "separação relativa (nunca completa) entre Estado e sociedade" e "um documento fundamental (geralmente sob a forma de uma Constituição) que estabeleça as liberdades civis democráticas, o pluralismo, o sistema de contrato e o princípio de representação". Heller identifica essa "democracia formal" com a democracia enquanto tal. Realmente: "Todos os que querem substituir a democracia formal pela chamada democracia substantiva e, por conseguinte, reunificar Estado e sociedade de uma forma totalizadora, renunciam à democracia enquanto tal." Demonstrando a intolerância que, infelizmente é com grande freqüência compartilhada tanto pelos responsáveis quanto pelas vítimas do stalinismo, Heller propõe excluir da esquerda todos aqueles que não estejam dispostos a promover objetivos socialistas, "dentro do contexto da democracia formal".[24]

A ênfase de Heller na separação entre sociedade e Estado lança luz sobre um motivo condutor do pensamento de oposição na Europa do Leste que veio a exercer certa influência sobre a esquerda do Ocidente, isto é, o conceito de sociedade civil. Tim Garton Ash considera 1989 "a primavera das sociedades que aspiram a se tornar civis".[25] Realmente, intelectuais dissidentes na Polônia começaram em fins da década de 1970, a se descreverem, e mais tarde ao Solidariedade, como representantes das forças da "sociedade civil", em oposição ao Estado: uma manifestação que Z.A. Pelczynski descreveu corretamente como "um fenômeno intelectual realmente notável. Poucos conceitos sociais e políticos viajaram tanto em sua vida e mudaram tanto seu significado".[26] A história desse conceito foi pesquisada até suas origens por Norberto Bobbio, que nele distingue duas fases decisivas. Num primeiro momento, Hegel identificou sociedade civil sobretudo com as relações econômicas da sociedade capitalista, atitude influenciada por suas leituras dos economistas políticos clássicos, o que determinou que Marx também usasse esse termo. Num segundo, contudo, Gramsci — embora ainda, como Hegel e Marx antes dele, pusesse em pólos opostos sociedade e Estado — tendia a identificar o primeiro termo da oposição com instituições culturais e políticas que faziam parte (em termos marxistas) mais da superestrutura do que da base econômica.[27] Dessa maneira, conforme diz Pelczynski,

> a sociedade civil de Gramsci contém dois elementos indistintamente separados: uma esfera de organizações sociais independentes e instituições não-governamentais (...) e uma esfera que poderíamos chamar, seguindo Tocqueville, de "sociedade política", existindo fora e em oposição ao Estado e tornada possível por certo grau de autonomia social.[28]

A história incluída no conceito de sociedade civil empresta-lhe uma certa ambigüidade. Este fato é tacitamente reconhecido e, na verdade, transformado em virtude por um de seus principais paladinos no Ocidente, John Keane:

> As sociedades civis modernas têm compreendido uma constelação de elementos justapostos e mutáveis que resistem à redução a um denominador comum, a um núcleo básico ou a um primeiro princípio gerador. Incluíram economias e unidades familiares capitalistas; movimentos sociais e esferas

de trabalho público voluntário (igrejas, organizações de profissionais liberais, meios de comunicação independentes e instituições culturais); partidos políticos, associações de eleitores e outros "guardiões" da distinção Estado-sociedade civil; bem como instituições "disciplinares", como escolas, hospitais, asilos e prisões.[29]

Não está absolutamente claro por que uma vida política democrática deva depender da criação de toda essa lista altamente heterogênea. Ash discorre sobre a ambigüidade da palavra *bürgerlich*, que pode ser traduzida ou como "burguês" ou como "civil", para igualar o triunfo da sociedade civil ao do mercado. "Sim, Marx tem razão", ele faz os povos do Leste europeu dizerem; "as duas coisas estão intimamente ligadas — e queremos ambas! Direitos civis e direitos de propriedade, liberdade econômica e liberdade política, independência financeira e independência intelectual, uma sustenta a outra."[30] Mas os que forem menos ingênuos diante dos ensinamentos da nova direita provavelmente não igualarão capitalismo e democracia (uma equação que os que vivem fora da Europa e de América do Norte se sentirão, de qualquer modo, menos tentados a aceitar). Ainda assim, o conceito de sociedade civil parece estimular exatamente esse tipo de confusão. Por esse motivo, seu emprego é um obstáculo à discussão séria da relação entre socialismo e democracia.

Para Heller, a relação é muito simples: "A democracia formal pode ser transformada em uma democracia socialista sem ser alterada em nada."[31] Uma opinião incomparavelmente mais realista da relação entre democracia liberal e socialismo é oferecida por Bobbio, que é, simultaneamente, o expoente moderno mais lúcido da idéia de que a primeira fornece o único arcabouço apropriado no qual o segundo pode ser realizado:

> Nas sociedades capitalistas avançadas, onde o poder econômico está se tornando crescentemente concentrado, a despeito do sufrágio universal, da formação de partidos com base de massa e de um grau razoavelmente alto de mobilização política, a democracia não conseguiu ainda manter suas próprias promessas, que se concentram principalmente em três objetivos: 1) participação (...); 2) controle a partir de baixo (...); 3) liberdade de dissentir. Nos Estados onde as instituições democráticas estão mais formal e plenamente desenvolvidas, verificou-se que ocorrem dois fenômenos que militam contra o declarado princípio da participação geral: por um lado, a apatia política, ou em outras palavras, a falta de participação (que é tacitamente interpretada como uma manifestação do mais alto grau de consenso com o sistema predominante); e, por outro, a participação que é distorcida, deformada ou manipulada pelas entidades que têm o monopólio do poder ideológico sobre as massas. O controle a partir de baixo torna-se progressivamente menos eficaz, à medida que o centro de poder se transfere

para essas entidades, com o resultado de que as instituições que o cidadão consegue controlar são cada vez mais fictícias como centros de poder. Entrementes, os vários centros de poder real de um Estado moderno, como as grandes empresas, ou os instrumentos mais importantes de poder real, como o Exército e a burocracia, não são submetidos a qualquer controle democrático. Na verdade, é possível falar em um autêntico subsistema de poder político, não no sentido de que compreenda forças de uma ordem secundária, mas porque é primária e, ainda assim não podem ser vistas: são ocultas. Quanto ao direito de dissentir, ele só pode manifestar-se dentro de uma esfera altamente circunscrita: dentro do sistema econômico dominante, que nunca oferece a possibilidade de uma alternativa radical.[32]

Essa análise leva Bobbio à conclusão de que "o método democrático, da forma praticada em um sistema capitalista, não parece levar em conta a transformação desse sistema, isto é, a transição de uma sociedade capitalista para uma socialista". Ele desenvolve o argumento, considerando o dilema enfrentado por qualquer tentativa de transformar gradualmente o capitalismo mediante "reformas estruturais":

> Poderá a reforma de um dado modo de produção ser realizada por uma série de reformas parciais, nenhuma das quais seja decisiva? Suponhamos que uma transformação total pode resultar de uma série de reformas parciais: até que ponto o sistema estará disposto a aceitá-las? Pode ser excluída a possibilidade de que haja um limite à tolerância do sistema, de modo que seja alcançado um ponto em que o sistema não possa mais vergar-se e se despedaça? Se aqueles cujos interesses são ameaçados reagirem violentamente, o que haverá para fazer, senão responder com violência?[33]

O quadro que Bobbio pinta da democracia liberal "realmente existente" é ainda mais convincente porque ele é um adversário intransigente de todo e qualquer desafio revolucionário a essa ordem política. Os três principais aspectos que ele identifica têm, todos, um número excessivo de exemplos no Ocidente moderno: *um corpo passivo de cidadãos* (nas eleições presidenciais nos Estados Unidos, em 1988, a probabilidade era duas vezes maior de que eleitores de altas rendas votassem do que os de rendas mais baixas);[34] *a substituição de instituições parlamentares por centros de poder não eleitos* (os casos *Spycatcher* e Wallace trouxeram para o domínio público o papel desempenhado pelos serviços de segurança britânicos na tentativa de desestabilização do gôverno trabalhista de 1974-79 e na ascensão da sra. Thatcher à liderança do Partido Conservador; *as limitações estruturais à transformação gradual do capitalismo* (foi, acima de tudo, a fuga maciça de capitais da França que obrigou o governo Mitterrand a abandonar seu programa de reformas, com base no qual fora eleito em 1981).

Exatamente por causa da presença desses aspectos, o marxismo clássico insiste em descrever a democracia liberal como uma democracia *burguesa.* Essa descrição não implica ignorar a democracia liberal, considerando-a como uma mera "fachada", cuja substituição, digamos, pelo fascismo ou por uma ditadura militar é uma questão indiferente para os socialistas. Muito ao contrário, tanto Lenin quanto Rosa Luxemburgo argumentaram que a esquerda deve buscar a implantação da democracia burguesa como a forma política capitalista que fornece as condições mais favoráveis ao desenvolvimento do movimento da classe operária. Trotsky, em seus trabalhos clássicos sobre o fascismo alemão, enfatizou igualmente que o marxismo revolucionário deve resistir aos ataques da direita às instituições parlamentares.[35] Não obstante, críticos marxistas da liberal-democracia insistiram em que ela não era um contexto institucional neutro, adequado tanto ao capitalismo quanto ao socialismo mas uma forma específica de domínio da classe burguesa, uma entre uma série de formas estatais através das quais o capitalismo dominante era mantido.[36]

Mas há, de fato, uma alternativa democrática à liberal-democracia? Bobbio acha que não, o que o fez, em anos recentes, mover-se numa direção liberal na verdade crescentemente conservadora: diante da opção entre socialismo e democracia "realmente existente", escolheu esta última a despeito da apreciação realista que faz de suas limitações.[37] Porém, ele oferece apenas argumentos superficiais para provar que o governo parlamentar é a única forma viável de democracia.[38] A crônica histórica, na verdade, contém vários tipos diferentes de democracia, compreendendo formas institucionais particulares e ideologias legitimadoras e corporificando formas específicas de domínio de classe.[39] Há, claro, o caso clássico da cidade-Estado ateniense, dos séculos IV e V a.C.: as formas de democracia direta lá desenvolvidas tornaram possível um certo grau de participação no governo dos produtores diretos da cidade e campo, inimaginável de acordo com os padrões liberais modernos, embora o controle mantido sobre o trabalho escravo permitisse à aristocracia possuidora de terras exercer o domínio final (ainda que contestado).[40] De importância muito mais imediata, no entanto, é a rica tradição de democracia dos sovietes, dos conselhos de operários, que se transformaram, pelo menos, no embrião de uma nova forma de domínio político.

O aspecto mais característico do soviete como instituição política era que se baseava não em qualquer unidade geográfica particular, mas no local de trabalho. Emergia do processo de produção e organizava coletivamente os produtores. Em seus casos típicos, abrangia todos os que trabalhavam em um dado local cruzando as fronteiras criadas pela divisão de trabalho, as que separavam sindicatos diferentes e, na verdade, entre sindicalizados e operários desorganizados. O soviete, além disso, implica uma combinação própria de democracia direta e representativa: as decisões eram tomadas por um corpo de delegados, eleitos e sujeitos à destituição imediata por iniciativa de assembléias de trabalhadores, reunidos nas diferentes seções do local de trabalho. Essa estrutura de delegados fornecia espaço para a unificação dos sovietes de local de trabalho em conselhos de trabalhadores mais amplos, geograficamente embasados, nos níveis local e nacional. Em 1917, a Rússia presenciou o florescimento de comitês de fábrica, sovietes de bairro e cidade, bem como congressos regionais e pan-russos de sovietes. Finalmente, os sovietes representavam uma tendência para derrubar a distinção entre economia e política, característica das sociedades capitalistas. O primeiro soviete, por exemplo, foi formado em São Petersburgo em outubro de 1905, quando uma greve deflagrada por gráficos, que exigiam uma jornada de trabalho menor e uma taxa de pagamento mais alto por 1.000 caracteres compostos, incluindo sinais de interrogação, transformou-se em uma greve geral política, que obrigou o czar a conceder uma Constituição. Antes de a Revolução de 1905 ser finalmente reprimida, o soviete de São Petersburgo se transformara, de acordo com seu presidente, Trotsky, "num governo operário em embrião".[41]

Mais tarde, Trotsky sumariou as condições em que emergem os sovietes:

> Os sovietes são formados quando o movimento revolucionário das massas trabalhadoras, mesmo que ainda longe da insurreição armada, cria a necessidade de uma organização formal ampla, capaz de liderar as lutas políticas econômicas, abrangendo simultaneamente as diferentes empresas e os diferentes ofícios.[42]

Os sovietes, portanto, não constituíam a criação deliberada de um partido ou movimento que adotassem um projeto político específico. Muito ao contrário, conforme argumentou Lenin, o soviete "não é invenção de ninguém. Ele *brota* da luta da classe proletária, na medida em que essa luta se torna mais geral e intensa".[43] Um dos aspectos mais notáveis da política mundial neste século, na verdade, é a freqüência com que formas do tipo soviético surgem em condições de grande mobilização da classe obreira. As Revoluções Russas de 1905 e 1917 foram simplesmente o começo. O período de instabilidade revolucionária que varreu as Europas Ocidental e Central após a Primeira Guerra Mundial presenciou o aparecimento de conselhos de trabalhadores, destacando-se principalmente entre eles os *Rate* alemães e as *commissioni interne* de Turim. A reação da classe operária ao golpe de Estado de Franco, em julho de 1936, criou, especialmente em Barcelona, formas de autogoverno popular que não só subverteram o governo republicano, como também desafiaram os inimigos fascistas. O clímax da Revolução Húngara de 1956 distinguiu-se pela tomada do controle efetivo por conselhos de trabalhadores. A dominação das fábricas pelo Partido Comunista Francês fez com que a grande greve geral de maio-junho de 1968 criasse formas do tipo soviético apenas de maneira muito localizada e esporádica, embora a universalidade dessas formas fosse demonstrada, da maneira mais dramática, em fins da década de 1970. O fator decisivo na derrubada do xá do Irã em 1978-79 foi uma série de greves que estimularam o desenvolvimento de conselhos de fábrica, os *shoras* dos operários. E o estabelecimento da hegemonia do Partido Republicano Islâmico, após a Revolução, dependeu do esmagamento desses *shoras*. Finalmente, o Solidariedade, no seu auge em 1980-81, foi mais do que um sindicato, tanto em suas formas de organização, em sua amplitude de classe e em seu caráter radicalmente democrático, quanto em suas aspirações a "uma república autogerida", sob o controle dos operários.[44]

Perpassando como um fio vermelho a da história deste século, nota-se a tendência de as lutas de massa da classe trabalhadora que vão além de reivindicações puramente econômicas — e que, por isso, pelo menos tacitamente, desafiam o poder do Estado — criarem formas organizacionais que refletem e afirmam a força coletiva dos trabalhadores no processo de produção. Ora, a pressuposição do marxismo clássico é que essas formas constituem a base de uma nova forma de poder político, capaz de suplantar o Estado existente e fornecer o contexto necessário à transição para uma sociedade comunista sem classes. A propósito, argumentou Gramsci:

> O Estado socialista já existe potencialmente nas instituições da vida social características da classe trabalhadora explorada. Ligar essas instituições, coordenando-as e organizando-as em uma hierarquia altamente centralizada de competências e poderes, simultaneamente respeitando a autonomia e articulação de cada uma delas, implica criar, aqui e agora, uma autêntica democracia de trabalhadores — uma democracia dos trabalhadores em oposição efetiva e ativa ao Estado burguês, preparando-se para substituí-lo, aqui e agora, em todas suas funções efetivas de administrar e controlar a herança nacional.[45]

É o desenvolvimento inicialmente espontâneo dessa organização molecular de conselhos de trabalhadores que, para a tradição socialista revolucionária, dá substância à afirmação de Lenin de que a ditadura do proletariado compreende "uma imensa expansão da democracia, que, *pela primeira vez*, torna-se democracia para os pobres, democracia para o povo, e não democracia para os ricos".[46] Para grande parte da esquerda, contudo, a idéia de uma democracia socialista superior à democracia liberal tornou-se um sonho utópico, que talvez esconda em suas sombras o pesadelo do stalinismo. É difícil, no entanto, encontrar argumentos convincentes que dêem sustentação a essa idéia. Uma das objeções à democracia dos sovietes é feita, de modo muito superficial, por Bobbio, quando diz que seus teóricos manifestam "uma recusa em acreditar que há problemas relativos ao cidadão que são diferentes dos relativos ao trabalhador (ou o produtor)".[47] Trata-se de uma objeção estranha. O próprio Bobbio, como vimos acima, menciona como um dos defeitos estruturais da democracia liberal a ausência de qualquer tipo de controle democrático sobre as vastas concentrações de poder econômico, características do capitalismo moderno. Hoje se reconhece de modo geral que a nacionalização não oferece, por si mesma, remédio para essa situação: os monopólios estatais não são mais democraticamente responsáveis do que os privados. Os sovietes constituem a mais alta forma em que o único autêntico "poder compensatório" ao do capital é mobilizado, isto é, a força organizada que a classe operária desenvolve no nível da produção. Simultaneamente, os sovietes implementam o conhecimento prático detalhado que os trabalhadores possuem do processo de produção e no qual os gerentes capitalistas acreditam tacitamente quando procuram evitar qualquer desafio ao controle que exercem e buscam reprimir a enorme criatividade, na maior parte inexplorada, da maioria de seus empregados.[48]

É difícil compreender como a organização da moderna economia industrial poderia ser democratizada, exceto através do estabelecimento de controle pelos trabalhadores. A crença em que os sovietes podem também formar a base de um Estado socialista não implica, como afirma Bobbio, ignorar os problemas que existem fora do trabalho. O capitalismo, no curso deste século, universalizou o trabalho assalariado em muito maior extensão do que acontecia ao tempo da Revolução Russa. A dominação crescente da vida da maioria das mulheres pelo trabalho fora do lar, bem como a industrialização de partes do Terceiro Mundo, são sinais desse processo ininterrupto de proletarização, ao contrário do declínio da classe operária alegado por numerosos teóricos ocidentais.[49] Os sovietes, portanto, organizam as pessoas com base nos aspectos sociais que as unem no maior número possível — sua situação como assalariados —, assentando-se na força coletiva que os trabalhadores tendem a desenvolver como reação à sua exploração. A atomização progressiva da vida social sob o capitalismo moderno faz com que o local de trabalho seja o único foco de coletividade a menos que contemos também aquelas formas de identidade — nacionalidade, religião, raça — que servem de base à mobilização política geralmente reacionária. A organização coletiva e a conscientização política geradas através dos sovietes, portanto, podem fornecer a base sobre a qual seja possível solucionar os problemas que as pessoas experimentam fora do trabalho.

A maior parte das objeções aos sovietes tende a se concentrar em suas supostas imperfeições como forma democrática. Tim Wolforth, por exemplo, argumenta que o declínio dos sovietes após a Revolução de Outubro refletiu a incapacidade dos bolcheviques de compreender que, "enquanto um processo decisório centralizado for imposto pelas circunstâncias de contra-revolução, guerra ou escassez", a democracia representativa, no sentido de "eleição direta, por sufrágio universal, e voto secreto, através do livre entrechoque de partidos, do mais alto órgão decisório do governo", é "absolutamente essencial para assegurar 'a ampliação de costumes democráticos reais' na sociedade pós-capitalista".[50] David Held parece ter em mente um argumento semelhante quando sugere: "Caberia afirmar que, se consideramos os problemas de manter rigorosamente responsáveis delegados em nível nacional, o sistema de comunas (isto é, os sovietes), poderia ser descrito mais corretamente como uma forma altamente *indireta* de democracia." [51] Se o pensamento aqui é que as instituições parlamentares constituem o modo mais efetivo de tornar o executivo responsável perante os cidadãos, então os proponentes dessa idéia têm de explicar por que essas instituições fracassam tão completamente em desempenhar esse papel na moderna democracia liberal. O isolamento da burocracia estatal da supervisão parlamentar é um dos lugares-comuns da ciência política deste século. Por que as instituições parlamentares, tão ineficazes sob o capitalismo, deveriam ser a condição *sine qua non* da responsabilidade democrática sob o socialismo?

Há vários aspectos em que a democracia dos sovietes poderia se tornar uma forma mais autêntica de responsabilidade do que sua congênere parlamentar. Em primeiro lugar, sovietes implicam o envolvimento contínuo e ativo de cidadãos no governo. A democracia liberal depende de um eleitorado passivo e pulverizado que, nas ocasiões relativamente raras em que é chamado a manifestar sua opinião sobre quem deve governá-lo, é submetido a um maciço bombardeio de propaganda, desfechado por meios de divulgação de massa que são, em geral, controlados diretamente pelo capital. A democracia dos sovietes, em contraste, baseia-se em uma pequena unidade que organiza o povo coletivamente no arcabouço de um aspecto geral do dia-a-dia, o local de trabalho. Devido principalmente à tendência de os sovietes se desenvolverem espontaneamente a partir da ação de massa da classe trabalhadora, a democracia dos sovietes implicaria, com toda probabilidade, uma descentralização considerável do poder para as menores unidades. E a contrapartida do sistema de delegação a órgãos mais altos seria o direito dos órgãos inferiores de destituir imediatamente seus delegados. Esse direito foi usado, com grande eficácia, para substituir delegados mencheviques por bolcheviques ao soviete de Petrogrado, depois que os Guardas Vermelhos dispararam contra manifestantes que apoiavam a Assembléia Constituinte em janeiro de 1918.[52]

E foi, realmente, na instituição do direito de destituição imediata, juntamente com a eliminação do exército permanente e da polícia, que Marx pensou quando disse que a Comuna de Paris, em 1871, era "a forma política finalmente descoberta através da qual exercer a emancipação econômica do trabalhador":

> Conquanto os órgãos meramente repressivos do velho poder governametal devam ser amputados, suas funções legítimas devem ser tomadas de uma autoridade que usurpou o seu predomínio da própria sociedade, e devolvidos aos agentes responsáveis da mesma. Em vez de decidir uma vez em cada três ou seis anos que membro da classe dominante deve representar mal o povo no Parlamento, o sufrágio universal deve servir ao povo, constituído em Comunas, como o sufrágio individual serve a todos os demais empregadores à procura de trabalhadores e gerentes em seus negócios. E é fato bem conhecido que as empresas, tais como os indivíduos, sabem em geral como colocar o homem certo no local certo, e, se por acaso cometem um erro, corrigem-no imediatamente.[53]

A prática do direito dos cidadãos de exercer controle permanente sobre órgãos superiores, mediante destituição de delegados insatisfatórios, no entanto, seria anulada na ausência do que Wolforth chama de "livre competição dos partidos". Realmente, numerosos críticos da democracia dos sovietes argumentam que a explicação marxista dos conflitos políticos em termos de luta de classe, bem como a inferência concomitante de que o comunismo implicaria o fim da política, requer um Estado unipartidário monolítico. Held oferece, no trecho que se segue, uma versão dessa linha de raciocínio:

> Após a revolução, surge o claro perigo de que só possa haver uma única forma autêntica de "política": isto porque não há mais razão para qualquer desacordo fundamental. O fim da classe significa o fim de qualquer base legítima para divergências: só as classes têm interesses irreconciliáveis. É difícil resistir à opinião de que, implícita nessa posição, esconde-se a propensão para uma forma autoritária de política. Não há mais lugar onde, sistematicamente, se encoraje e tolere o desacordo e o debate de assuntos públicos. Não há mais lugar para o desenvolvimento institucional, através da formação de grupos e partidos, de posições de oposição. Não há mais espaço para a mobilização de opiniões divergentes.[54]

Na seção 4.3, examino se o comunismo seria, realmente, uma sociedade sem divergências e conflitos. É essencial, no entanto, enfatizar aqui que não faz parte do marxismo clássico conceber a ditadura do proletariado (entendida, nessa tradição, como a fase de transição entre o capitalismo e o comunismo) como algo que implica a supressão de todos os partidos que não o que se julga representar os interesses da classe operária. Stalin tentou justificar o monopólio de poder do PCUS com base na idéia de que, "onde não há várias classes, não podem haver vários partidos, uma vez que o partido é parte de uma classe." Trotsky comentou essa justificação em termos que parecem uma resposta direta ao argumento de Held:

> Parece, à vista disso, que as classes são homogêneas; que as fronteiras entre elas são traçadas nitidamente; que a conscientização de classe corresponde exatamente a seu lugar na sociedade. O ensinamento marxista da natureza de classe do partido é, assim, transformado em uma caricatura. A dinâmica da conscientização política é, assim, excluída do processo histórico, no interesse da ordem administrativa. Na realidade, as classes são heterogêneas; são dilaceradas por antagonismos internos, e chegam à solução de problemas comuns apenas através de uma luta interna de tendências, grupos e partidos. É possível, com certas ressalvas, admitir que "um partido é parte de uma classe". Mas, desde que a classe tem muitas "partes" — algumas olham para o futuro, outras para o passado —, a mesma e única classe pode criar vários partidos. Pela mesma razão, um partido pode ter como base partes de diferentes classes. O exemplo de um único partido correspondendo a uma única classe não é encontrado em todo o curso da história política — contanto, claro, que não se aceite o relatório da polícia como a realidade.[55]

A norma da democracia dos sovietes, portanto, é a livre rivalidade dos partidos. Essa situação, na verdade, é conseqüência do caráter dos sovietes como órgãos da classe operária *como um todo*, de sua composição, determinada pelo voto dos trabalhadores ou de seus delegados. Os sovietes são, por conseguinte, organizações multipartidárias; e a supressão na Rússia, após a Revolução de Outubro, de todos os partidos, exceto o Bolchevique e, na realidade, até mesmo das frações dentro do partido governante, constituiu sinal do que o próprio Lenin chamou de "distorção burocrática" do regime. Críticos da democracia dos sovietes, no entanto, aproveitam esse desvio da teoria marxista pela prática bolchevique para argumentar que "a proibição temporária de partidos de oposição" não foi, como argumentou Trotsky, "um mal temporário". uma "medida ditada pelas condições da guerra civil, bloqueio, intervenção estrangeira e fome", mas, conseqüência inevitável da derrubada das instituições parlamentares, que levou inelutavelmente ao stalinismo.[56] Interpretações desse tipo, caracteristicamente, identificam a decisão bolchevique de dissolver, em janeiro de 1918, a Assembléia Constituinte como o ponto decisivo que os colocou na estrada do Gulag. Esse episódio, na verdade, levanta várias questões complexas. Uma delas diz respeito à extensão em que as eleições para a Assembléia Constituinte, que deram aos sociais-revolucionários maioria de cadeiras e deixaram os bolcheviques com apenas um quarto dos votos, refletiu o equilíbrio de forças sociais e políticas em uma situação em rápida mudança.[57]

Há, porém, uma questão mais fundamental. A Assembléia Constituinte e os sovietes baseavam-se em dois sistemas diferentes de representação: respectivamente, a forma parlamentar típica das democracias liberais modernas e a democracia de delegados, baseada no local de trabalho, discutida acima. Cada um desses sistemas de representação, e as assembléias deles resultantes, corporificavam pretensões conflitantes à legitimidade democrática e, por conseguinte, constituíam centros rivais, ou centros potenciais, de poder. A decisão dos bolcheviques de dissolver a Assembléia Constituinte tinha sua contrapartida na intenção dos social-revolucionários e mencheviques de usar sua maioria na mesma para reverter o resultado da Revolução de Outubro. A esse respeito, comenta Marcel Liebman: "Em última análise, o que causa surpresa não é que Lenin tenha assumido a responsabilidade de dissolver a Assembléia Constituinte, mas que demorasse tanto a se decidir a isso, e tivesse tanta dificuldade para identificar os termos em que o dilema — pois havia um dilema — se apresentava, isto é: Assembléia Constituinte ou sovietes."[58]

O dilema, em última análise, contrastava dois tipos de democracia incompatíveis, já que suas formas institucionais e ideologias legitimadoras envolviam dois sistemas diferentes de poder de classe. As circunstâncias da Revolução de Outubro configuraram esse conflito em uma forma sumamente aguda, uma vez que a superioridade numérica dos camponeses conferia base popular aos adversários dos bolcheviques, embora eles a tivessem perdido devido à insistência dos Brancos em devolver as terras à aristocracia. Não obstante, o dilema entre democracia burguesa ou proletária reapareceu em muitas situações posteriores, como, por exemplo, durante a Revolução Alemã de 1918 e na Revolução Portuguesa de 1974-75. Liebman interpreta a situação da seguinte maneira: "Quando pensamos nos grandes choques sociais dos tempos modernos, observamos (...) que a dinâmica revolucionária sempre foi bloqueada pela força paralisadora ou frenadora do mecanismo eleitoral, mesmo em sua forma democrática de sufrágio universal."[59] Ou, mais exatamente, quando a radicalização das lutas da classe operária leva ao aparecimento, talvez mesmo apenas em forma embrionária, do poder dos sovietes, as instituições parlamentares tendem a se tornar o foco de forças contra-revolucionárias, fornecendo-lhes meios de, legitimar democraticamente a supressão da revolução. A aliança entre os social-democratas alemães e os *Freikorps* proto-nazistas, sob a bandeira da assembléia de Weimar em 1919, constitui um exemplo clássico desse tipo de polarização. Autores como Wolforth — que procuram, de alguma maneira, casar parlamento com sovietes — estão simplesmente procurando ladear o "conflito irreprimível" entre dois tipos de democracia.

Optar, nessa luta, pela democracia socialista, e não pela liberal, não significa, portanto, rejeitar o que às vezes são chamadas de "liberdades liberais" clássicas: de expressão, reunião e associação, em particular. A convicção em sentido contrário implica confundir esses direitos com certas formas institucionais, isto é, as da democracia liberal. Na verdade, as liberdades liberais se originaram nas lutas do início do período moderno, nos séculos XVII e XVIII, contra o absolutismo. É muito comum que os defensores desses direitos jamais os vinculem à democracia nos seus sentidos antigo e moderno. A intenção das liberdades liberais foi criar um espaço no qual o cidadão pudesse promover seus objetivos sem interferência do governo. Na medida em que a forma apropriada de governo veio a ser considerada como aquela baseada em instituições parlamentares, seu eleitorado era, inicialmente, limitado a uma pequena minoria de indivíduos que possuíam propriedades. Não há razão para acreditar que a democracia socialista, baseada como é na participação direta no governo das massas trabalhadoras, através da intermediação dos sovietes, não adote essas liberdades e, na verdade, como argumentaram Lenin e Rosa Luxemburgo, até as ampliariam muito ao abolir as limitações decorrentes da exploração capitalista, como, por exemplo, as enormes restrições à liberdade de expressão criadas pelo fato de que os meios de divulgação de massa são dominados pelas grandes empresas.[60] Na verdade, vimos que o funcionamento correto da democracia dos sovietes depende da liberdade de associação.

A experiência da democracia capitalista demonstra, contudo, que é complexa a relação entre instituições democráticas e liberdades liberais. As democracias liberais, quando sua sobrevivência pareceu ameaçada, mostraram-se dispostas a transgredir consideravelmente os direitos civis. Em ambas as guerras, os governos britânicos adotaram a prisão sem julgamento e extensa censura das comunicações. Nenhuma democracia socialista poderia furtar-se a medidas semelhantes de autodefesa, sobretudo diante das condições em que, com toda probabilidade, subiria ao poder, como resultado de sublevação revolucionária e em face de pressões capitalistas externas. Conforme é demonstrado pelas crises da democracia liberal, a questão de saber se o emprego de medidas excepcionais contra a oposição por um regime revolucionário levaria ou não ao tipo de degeneração que se seguiu à Revolução de Outubro dependeria de sua capacidade de enfrentar as vicissitudes da situação. A experiência da Revolução Russa sugere que dois fatores, em particular, seriam decisivos: o tamanho e peso sócio-econômico da classe operária e o sucesso da revolução em propagar-se além de suas fronteiras iniciais. Não há, na natureza da política, garantias de que tal regime sobreviveria e se expandiria; mas o fato é que o desenvolvimento e a integração incomparavelmente maiores do capitalismo desde a Revolução de

Outubro criam um contexto muito mais favorável do que aquele que foi enfrentado pelos bolcheviques.

4.3 RUMO AO COMUNISMO

A revolução socialista é concebida na tradição marxista clássica como uma transformação política: a derrubada do Estado existente e sua substituição pelo governo de conselhos de operários. Porém esse episódio, decisivo para (nas palavras de Marx) "converter o Estado, de orgão sobreposto à sociedade, em algo inteiramente subordinado a ela", representa apenas o início de um processo de transformação muito mais longo e de conseqüências muito maiores.[61] Marx descreveu a ditadura do proletariado, que identificou com as formas radicalmente democráticas da Comuna de Paris, como "nada mais do que a transição para a *abolição de todas as classes* e para uma sociedade sem classes".[62] Na tradição revolucionária, a construção de uma sociedade comunista é entendida como um processo, envolvendo fases diferentes, para as quais são apropriadas certas medidas. Assim, na *Crítica do programa de Gotha*, ele distinguiu entre uma fase inferior e uma superior do comunismo: durante a primeira (a ditadura do proletariado), o produto social será distribuído segundo o princípio "de cada um segundo sua capacidade, a cada um segundo seu trabalho"; as desigualdades que tal situação provocaria, uma vez que as pessoas diferem no que podem fazer e no que fazem, seriam remediadas "numa fase mais alta da sociedade comunista", onde o maior desenvolvimento das forças produtivas e a transformação das motivações pessoais tornariam possível a aplicação de um novo princípio distributivo: "De cada um segundo sua capacidade, a cada um segundo suas necessidades!"[63]

A concepção marxista clássica da transição para o comunismo, como processo a longo prazo de transformação gradual, contrasta fundamentalmente com as fantasias milenaristas e voluntaristas de um salto imediato para a sociedade sem classes, que prevaleceram no auge da "revolução de Stalin" em 1928-3l (ver seção 2.1). Trotsky, exilado, foi o crítico moderno mais veemente dessas fantasias. O trecho abaixo, extraído de *A economia soviética em perigo* escrito em outubro de 1932, merece ser citado com certa extensão, tanto porque previa críticas, ora em moda, à economia de comando burocrático stalinista, tais como as de Nove meio século depois, quanto porque serve de bom exemplo da convicção — comum a Lenin e a Trotsky — de que a transição para o comunismo abrangeria uma ligação contínua com mecanismos de mercado:

> Se uma mente universal existisse, do tipo que se projetou na fantasia científica de Laplace — uma mente que pudesse registrar simultaneamente

> todos os processos da natureza e da sociedade, que pudesse medir-lhes a dinâmica de movimento, que pudesse prognosticar os resultados de suas interações —, essa mente, poderia decerto elaborar *a priori* um impecável e exaustivo plano, começando com o número de hectares de trigo e descendo ao último botão de um colete. A burocracia freqüentemente imagina que uma mente desse tipo está à sua disposição. É esse o motivo por que ela se livra tão facilmente do controle do mercado e da democracia dos sovietes. Na realidade, porém, a burocracia erra clamorosamente na estimativa de seus recursos espirituais. Nas suas projeções, ela é necessariamente obrigada, na prática real, a depender das proporções (e, com igual justiça, poderíamos dizer, das desproporções), que herdou da Rússia capitalista, dos dados da estrutura econômica das nações capitalistas modernas e, finalmente, da experiência dos sucessos e erros da própria economia soviética. Mas até mesmo a combinação mais perfeita de todos esses elementos permitirá apenas o esboço sumamente imperfeito de um plano, não mais do que isso.
>
> Os inumeráveis participantes vivos da economia, estatal e privada, coletiva e individual, têm que informar suas necessidades e força relativa não só através de apurações estatísticas da comissão do plano, mas também pela pressão direta da oferta e da demanda. O plano é testado e, em grau considerável, realizado através do mercado. A regulamentação em si do mercado tem que demonstrar sua eficácia econômica através do cálculo comercial. O sistema de economia de transição é impensável sem o controle do rublo. Isto pressupõe, por seu lado, que o rublo está ao par. Sem uma unidade monetária firme, a contabilidade comercial poderá apenas aumentar o caos.[64]

O socialismo, no sentido do período de transição do capitalismo para o comunismo, deve assim ser entendido não tanto em termos de medidas econômicas específicas — como, por exemplo, a nacionalização dos meios de produção —, mas como o arcabouço *político*, alicerçado na democracia dos sovietes, no qual as relações capitalistas da produção são progressivamente abolidas. Como indica o trecho acima (e muitos outros de Trotsky e Lenin poderiam ser citados), esse período de transição se caracterizaria, em termos econômicos, por várias combinações de planejamento socialista e mecanismos de mercado. Não obstante, não se deve pensar em mercado e plano como técnicas socialmente neutras: elas representam dois modos de produção diferentes — respectivamente, capitalismo e comunismo —, coexistindo incomodamente em uma ordem política socialista.[65] A ditadura do proletariado é concebida, no marxismo clássico, como uma preliminar ao comunismo: por conseguinte, a articulação de plano e mercado é uma articulação na qual o primeiro vem a prevalecer cada vez mais sobre o segundo. Em vez de ser um "socialismo de mercado" estático, o período de transição se caracteriza pelo movimento dinâmico para *longe* do mercado. Preservar o mercado como regulador básico da vida econômica implicaria manter condições que provavelmente gerariam desigualdades que se transformariam em novas bases de exploração e possivelmente engendrariam violentas flutuações no produto e desemprego, bem como danos incontroláveis ao ambiente natural.

A idéia de uma sociedade comunista sem mercados é um dos principais objetos da ironia de Nove. Argumenta ele que tal sociedade pressupõe a existência de abundância, definida como "suficiência para atender a necessidades a preço zero, não deixando pessoa razoável alguma insatisfeita ou querendo mais de alguma coisa (ou, pelo menos, de alguma coisa reprodutível)". Essa situação eliminaria "o conflito sobre a alocação de recursos, uma vez que, por definição, haveria o suficiente para todos, e assim não haveria escolhas mutuamente exclusivas, nenhuma oportunidade seria perdida e, por conseguinte, não haveria custo de oportunidade". Nove faz pouco caso dessa suposição, considerando-a utópica. A abundância é inalcançável. Para começar, "mais da metade da população do mundo é realmente muito pobre" e "os recursos necessários para elevá-la aos níveis já atingidos pelos, digamos, operários qualificados da Europa Ocidental não existirão nem na vida dos netos de nossos netos"; em segundo lugar, "a escassez absoluta" persistirá no sentido em que alguns recursos — "terra no centro das cidades, peixe no Mar do Norte, talvez petróleo — ou não poderão ser obtidos em maiores quantidades ou só poderão ser obtidos a maiores preços"; em terceiro, a "escassez relativa" é endêmica à condição humana, uma vez que necessidades crescem ou, uma vez saciadas, são substituídas por outras; "realmente, sem expectativas crescentes, sem novas aspirações, teríamos um mundo muito monótono."[66]

A debilidade mais evidente do argumento de Nove reside em sua tentativa de explicar a pobreza do mundo pela escassez de recursos. Fred Pearce cita um relatório de 1984 da FAO, segundo o qual,

> utilizando métodos agrícolas ocidentais correntes, o mundo poderia produzir alimentos suficientes para 33 bilhões de pessoas, ou sete vezes a população atual. Usando métodos um pouco menos sofisticados, 15 bilhões de pessoas poderiam ser alimentadas; e, mesmo que todo o mundo empregasse métodos primitivos, sem fertilizantes ou pesticidas, mas apenas sementes comuns e nenhum método de conservação do solo, a atual população mundial poderia ser facilmente alimentada (...) No todo, a África poderia, com métodos primitivos, alimentar 2,7 vezes a população atual, diz a FAO.[67]

A pobreza do Terceiro Mundo, como tivemos oportunidade de ver na seção 4.1, é uma conseqüência das relações sociais predominantes, e não de escassez. E constitui uma indicação da tendência apologética da defesa que Nove faz do mercado o fato de que ele sugira outra coisa. Suas alegações a respeito da escassez absoluta de recursos naturais, à parte alimentos, são igualmente suspeitas. Alexander Zucker, do Laboratório Nacional de Oak Ridge, no Tennessee, por exemplo, estima que

> parece improvável que o mundo esgote qualquer um dos elementos antes do ano 2050. Esse prazo fornece tempo suficiente para que se desenvolva nova tecnologia a fim de explorar economicamente minérios de gradação mais baixa e alternativas para colocar 30 elementos em estado de oferta basicamente infinita e usá-los no desenvolvimento de substitutos que satisfaçam as necessidades das modernas sociedades civilizadas.

Calcula Zucker que os investimentos necessários no ano 2100 para atingir esse objetivo importariam em US$10 trilhões, ou menos de 0,2% do produto mundial bruto.[68]

O resultado de tais estimativas, porém, não deve ser o de encorajar a complacência. Um dos maiores desafios enfrentados pela humanidade é fazer os investimentos necessários para sustentar a população mundial em um nível adequado de vida e superar qualquer escassez de recursos essenciais, sem aumentar, na verdade começando a reverter, a destruição do meio ambiente. É difícil compreender como essa tarefa será realizada, sem considerável planejamento em nível global. Ainda assim, o efeito dos argumentos de Nove é o de desestimular a busca das transformações políticas necessárias para tal planejamento. Examinemos, então, sua afirmação de que a permanência da escassez relativa de certos recursos tornará inevitável a dependência do mercado.

Trata-se, na verdade, de nada mais do que um axioma padrão da economia neoclássica, a insaciabilidade das necessidades humanas. As carências são infinitas: a satisfação de uma delas a um certo nível de intensidade simplesmente dá origem à demanda de sua satisfação mais intensa ou à sua substituição por outra. Esse processo recria constantemente a escassez e, por conseguinte, o conflito. O mercado proporciona o mecanismo mais eficiente e democrático para solucionar esses conflitos, ao medir a intensidade da carência da pessoa de um dado item pelo volume de dinheiro que ela está disposta a pagar para obtê-lo. A premissa desse argumento — a insaciabilidade das necessidades — não pode ser ignorada displicentemente pelos marxistas, uma vez que esses adotam uma concepção expansiva da natureza humana. Marx, por exemplo, escreve: "O homem se distingue de todos os outros animais pela natureza ilimitada e flexível de suas necessidades."[69] O desenvolvimento das forças produtivas envolve a expansão de capacidades e necessidades humanas, mesmo que muitas destas últimas permaneçam por satisfazer, ou sejam satisfeitas apenas em grau limitado nas sociedades de classe. Necessidades, porém, não são a mesma coisa que carências. Até mesmo o uso comum da palavra tende a registrar a diferença entre os dois conceitos. É possível haver necessidade de *x* sem que o indivíduo se aperceba disso, mas o indivíduo está necessariamente consciente de querer *x*. Essa diferença conceitual indica a maior objetividade das necessidades, sua origem nos interesses básicos das pessoas, e não nos seus desejos passageiros. Eu posso necessitar renunciar ao fumo, mas não querer fazer isso.[70]

Essa distinção entre necessidades objetivas e carências subjetivas está implícita no argumento de Norman Geras contra a idéia da abundância comunista como "abundância relativa a uma 'ilimitada e flexível' noção de necessidades, no sentido, isto é, de todos serem capazes de fazer o que quer que concebivelmente acham que necessitam":

> Se, por questão de autodesenvolvimento, você necessita de um violino e eu necessito de uma bicicleta, isto, poder-se-ia supor, está correto. Mas se eu preciso de uma área imensamente grande, digamos, a Austrália, para pedalar, ou se de modo geral a uso como acho conveniente pouco me importando a presença de outras pessoas, então esta vontade obviamente não será correta. Nenhuma abundância concebível poderia satisfazer necessidades de autodesenvolvimento dessa magnitude, dada apenas uma modesta incidência delas em alguma população inteira, e não é difícil pensar em necessidades que são muito menos excessivas, sobre as quais o mesmo seria verdadeiro.[71]

Geras conclui que o comunismo envolve "abundância relativa" a algum padrão de necessidades "razoáveis" que, por maiores e mais generosas que sejam, ficam ainda aquém de qualquer fantasia de abundância sem limites.[72] Ora, se identificamos essas necessidades "razoáveis", para começar, com o que são chamadas às vezes de "necessidades básicas" de itens tais como alimentos, vestuário, abrigo, aquecimento, iluminação, educação e transporte, então torna-se claro que, no tocante a esses bens e serviços, a abundância no sentido que lhe atribui Nove — oferta a preço zero — é possível. Lange notou a tendência de a necessidade de certos bens (ele utiliza o exemplo do sal) tornar-se inelástica: "Se o preço de tal bem é baixo, e se a renda do consumidor está acima de certo mínimo, o bem é tratado pelo consumidor *como se fosse um bem gratuito*. Nos casos em que a demanda de tais bens é assim saturada, "o compartilhamento livre pode ser usado como método de distribuição". O custo de produzir tais bens é compartilhado coletivamente, mas eles são fornecidos gratuitamente aos consumidores individuais:

> Esse setor existe também na sociedade capitalista, compreendendo, por exemplo, a educação gratuita, os serviços médicos gratuitos prestados pela previdência social, os parques públicos, e todas as necessidades coletivas, no sentido de Cassel (como, por exemplo, iluminação das ruas). É inteiramente concebível que, na medida em que aumentar a riqueza, aumente

também esse setor e que números crescentes de bens sejam distribuídos pelo livre compartilhamento e, finalmente, todas as necessidades fundamentais da vida sejam atendidas dessa maneira, sendo a distribuição pelo sistema de preços limitada a qualidades mais altas e a artigos de luxo. Dessa maneira, pode-se chegar gradualmente à segunda fase de que falava Marx.[73]

Há, naturalmente, numerosas objeções a essa visão de uma economia na qual as necessidades básicas são atendidas através do fornecimento gratuito de bens e serviços. Algumas são rigorosamente econômicas e dizem respeito, por exemplo, às dificuldades aparentemente colocadas pelas maneiras diferentes como até mesmo as necessidades mais fundamentais podem ser satisfeitas (todos precisam de roupas, mas quem gostaria de viver numa sociedade em que todos se vestissem da mesma maneira?) e pelas fronteiras mutáveis, entre necessidades fundamentais e não-fundamentais, estabelecidas pelas inovações técnicas e expectativas crescentes (veja-se, por exemplo, a importância atribuída a bens duráveis de consumo, tais como aparelhos de televisão e máquinas de lavar, nas modernas sociedades industriais). Não parece, contudo, que elas sejam dificuldades intransponíveis para uma sociedade comunista: recursos poderiam, por exemplo, ser reservados a grupos de cidadãos que desejassem explorar inovações e mecanismos poderiam ser concebidos (incluindo, talvez, formas limitadas de mercado) para submeter a teste a demanda social de seus produtos. É claro também que devem ser feitos estudos mais amplos sobre natureza das formas democráticas de planejamento, que envolvam conexões horizontais entre diferentes unidades de produção e entre produtores e consumidores, e não uma estrutura vertical de controle que liga planejadores centrais, ministérios industriais e empresas na economia de comando stalinista. Nada mais é do que dogmatismo neoliberal insistir, como fazem Nove e seus colegas, que a única forma que essas relações horizontais podem assumir é a do mercado.[74] O segundo conjunto de objeções diz respeito ao que se alega serem exigências excessivas à natureza humana feitas numa sociedade desse tipo. Não há dúvida de que aumentos de produtividade e produto, requeridos para manter até mesmo a abundância "razoável" defendida por Geras, só podem ser obtidos mediante incentivos materiais, baseados na recompensa do esforço individual, refletido no preço obtido pelo produto desse esforço no mercado. E se assim é, então uma economia comunista sem mercado constitui uma asserção contraditória em si própria, uma vez que seus pressupostos materiais dependem da existência do mercado.

Marx, de fato, aceita a necessidade de incentivos materiais durante a transição para o comunismo, situação em que as diferenças de renda refletem as contribuições produtivas do indivíduo. As coisas, no entanto, funcionam de modo diferente no comunismo propriamente dito, caso em que o produto social é distribuído de acordo com necessidades, e não segundo o trabalho. Marx explica as precondições desse estado de coisas em um trecho famoso da *Crítica do programa de Gotha:*

> Em uma fase mais alta da sociedade comunista, depois de ter desaparecido a subordinação escravizadora do indivíduo à divisão do trabalho e, por conseguinte, também a antítese entre trabalho físico e mental; depois de o trabalho ter-se tornado não só meio de vida, mas a principal necessidade da vida; depois de as forças produtivas terem aumentado também com o desenvolvimento harmonioso do indivíduo, e todas as fontes da riqueza comum fluírem com maior abundância — só então o horizonte limitado do direito burguês será completamente superado e a sociedade gravará em suas bandeiras: De cada um segundo sua capacidade, a cada um segundo suas necessidades.[75]

Talvez a decisiva afirmação feita por Marx no trecho acima seja a de que, sob o comunismo, o trabalho se tornará a "principal necessidade" da vida. Essas palavras, fundamentais à sua teoria de natureza humana, refletem a crença em que o trabalho não é simplesmente a atividade através da qual seres humanos satisfazem suas carências, mas também, potencialmente, a esfera na qual eles podem realizar-se mais plenamente. Esse contraste é enfatizado na maravilhosa observação abaixo, sepultada em seus manuscritos econômicos: "Milton escreveu *O paraíso perdido* pela mesma razão por que um bicho-da-seda produz seda. Era uma atividade de *sua* natureza. Mais tarde, ele vendeu o produto por cinco libras esterlinas."[76] O prognóstico de Marx é que, uma vez atendidas suas necessidades básicas, as pessoas se realizarão através das formas de trabalho que descobrem ser *atividades de sua natureza*. Marx não acredita, contudo, que "o trabalho que se transforma em trabalho atraente, a auto-realização do indivíduo (...), torne-se mero divertimento, mera distração, como o concebe Fourier com sua ingenuidade à *grisette*. O trabalho realmente livre, como, por exemplo, compor uma peça musical, é exatamente o mais sério, constitui o esforço mais intenso".[77] Sua visão de comunismo, portanto, é a de uma ordem na qual o ser humano se realiza através de atividade exigente, mas criativa. Até que ponto é realista essa tese?

Uma das dificuldades é que podem haver atividades socialmente necessárias que ninguém julga auto-realizadoras. Fourier supunha uma harmonia preestabelecida, inerente à estrutura da natureza humana, entre a grande variedade de necessidades sociais e a diversidade das paixões humanas: dessa maneira, o amor da criança pequena pela sujeira solucionaria, sob o comunismo, o problema de quem recolheria o lixo (uma crença que sugere que Fourier não passava muito tempo na companhia de crianças pequenas). Marx não aceita tal suposição. Na verdade, em um trecho famoso, afirma que "o reino da liberdade começa realmente apenas quando cessa o trabalho que é determinado pela necessidade e por considerações mundanas; dessa maneira, de acordo com a própria natureza humana, a liberdade se situa para além da esfera da produção material concreta", que continua a ser "um reino da necessidade". Em conseqüência, "esse fenômeno da energia humana, que é um fim em si mesmo, o verdadeiro fim da liberdade", depende do "encurtamento da jornada de trabalho (...) como sua precondição básica".[78] Certo volume de trabalho permanece assim, mesmo sob o comunismo, um fardo, carregado "apenas como meio de vida, embora, nesse momento, menos para o indivíduo do que para a sociedade como um todo. Mas de que maneira esse fardo, por mais reduzido que seja graças a aumentos de produtividade, que tornam possível jornadas de trabalho muito mais curtas, será distribuído? Essa questão é melhor respondida no contexto do conflito na sociedade comunista, que estudo a seguir.

Uma objeção comum à concepção de Marx do trabalho sob o comunismo é que ele espera, irrealisticamente, a abolição da divisão do trabalho. Um objeto especial de ironia é sua famosa predição em *A ideologia alemã:*

> Na sociedade comunista (...), onde ningém tem uma esfera exclusiva de atividade, mas todos podem tornar-se ativos em qualquer esfera que escolherem, a sociedade regula a produção geral e, assim, torna possível que eu cace pela manhã, pesque à tarde, crie gado à noite, critique após o jantar, exatamente o que eu quiser fazer, sem ter que me tornar caçador, pescador, pastor ou crítico.[79]

Uma das coisas mais notáveis nessa passagem é que todas as atividades que menciona são, sem exceção, pré-industriais. É difícil entender como um comunismo menos pastoral poderia passar sem todas as especialidades: poderia eu passar, digamos, de cirurgia cerebral para o projeto de aviões, como nas atividades rurais de que falava Marx, de uma para outra? Poderia eu fazer tudo isso? Observa Ali Rattans que, em escritos posteriores, como *O Capital*, Marx tende a dar mais ênfase às limitações materiais impostas pelo "reino da necessidade" e a se concentrar na abolição da divisão entre trabalho mental e braçal, como parte do processo através do qual os trabalhadores adquirem controle coletivo da produção.[80] G.A. Cohen considera, contudo, até mesmo o Marx posterior como insuficientemente realista. A idéia do desenvolvimento harmonioso do indivíduo é, de acordo com Cohen, utópica, uma vez que, de modo geral, é impossível aos indivíduos desenvolverem plenamente todas suas capacidades. De qualquer modo, a auto-realização talvez esteja na concentração especializada em algum talento específico ou conjunto de talentos.

Teria Rembrandt se realizado mais plenamente (ou a sociedade se beneficiado mais) se ele não tivesse sido exclusivamente pintor?[81]

Essas críticas, no entanto, não afetam a direção central da concepção de Marx do trabalho no comunismo. Sua principal objeção à divisão do trabalho é que a ocupação do indivíduo é um destino: a posição particular do indivíduo nessa divisão não é escolhida por ele e, não obstante, determina suas oportunidades na vida. Esse fato torna-se claro nas linhas que precedem imediatamente o famoso trecho de *A ideologia alemã:*

> Tão logo surge a divisão do trabalho, cada homem passa a ter uma esfera particular, exclusiva, de atividade, que lhe é imposta e da qual não pode escapar. Ele é um caçador, um pescador, um pastor, ou um crítico, e tem que permanecer assim, se não quiser perder seus meios de sustento.[82]

O problema assim identificado é o que Marx chama, no trecho da *Crítica do programa de Gotha* antes citado, de "subordinação escravizadora do indivíduo à divisão de trabalho". Abolir isso não implica acabar com toda a especialização. Significa, sim, que as pessoas devem ter acesso ao treinamento requerido para executar as atividades que acreditam poder realizar e que lhes sejam dadas também oportunidades autênticas (retreinamento, reciclagem etc.) para mudar de uma atividade para outra. A abolição correlata da "antítese entre trabalho mental e físico" exige mais mudanças, como, por exemplo, a transformação de um sistema educacional que prepara a maioria das pessoas para trabalho subordinado, de baixa remuneração, seja braçal ou de colarinho branco e a eliminação de privilégios materiais, poder social e prestígio cultural ligados a certas ocupações, algumas das quais, pelo menos, (como, por exemplo, pessoal médico especializado), seriam necessárias na sociedade comunista.

Mudanças dessa natureza não parecem estar além dos limites da exeqüibilidade material. Na verdade, elas são facilitadas por várias tendências observáveis na sociedade moderna, como, por exemplo, a crescente automação da produção material e a difusão concomitante de qualificações envolvidas no emprego de computadores. A concepção de Marx do trabalho sob o comunismo é simplesmente que, logo que tenham sido implementadas essas mudanças, a sociedade poderá atender a suas necessidades com padrões altos, mas não utópicos, de abundância razoável sobretudo na medida em que encoraja o indivíduo a se realizar através de atividade criativa. Será tão ridícula assim essa crença? Pode-se asseverar, com bons argumentos, que uma das principais desigualdades do capitalismo moderno é que a auto-realização no trabalho constitui geralmente privilégio da própria classe dominante e da nova classe média de profissionais liberais, gerentes e administradores, que ocupam uma posição intermediária entre o trabalho assalariado e o capital.[83] A existência de uma necessidade desatendida de trabalho criativo é indicada pela imensa faixa de atividades de "lazer" realizadas, principalmente, por aqueles que ocupam posições de trabalho subordinadas. A proposta do comunismo implica explorar essa fonte de, na melhor das hipóteses, criatividade privatizada.

As transformações compreendidas na implantação do comunismo estão, conforme vimos acima, sujeitas às limitações materiais do "reino da necessidade". Isso implica que pessoas podem ter que passar parte de seu tempo realizando trabalho que não as gratifica e que algumas de suas necessidades não serão atendidas. É provável que esses dois fatos gerem conflito. Mesmo no tocante às necessidades básicas, cujo pleno atendimento constitui a abundância comunista, conflitos podem surgir. Poderia haver, em primeiro lugar, discussões sobre que necessidades deveriam ser consideradas como básicas para esses fins: alimentos e roupas são evidentemente necessidades básicas, mas o que dizer, por exemplo, de possuir um aparelho de televisão? Poderiam também surgir também conflitos sobre a prioridade relativa das diferentes necessidades: ou, por exemplo, de abolir a pobreza primária do Terceiro Mundo, em comparação com o melhoramento do estoque de moradias na Europa. E as necessidades podem ser atendidas de maneiras diferentes: o acesso a uma máquina de lavar será melhor atendido através da propriedade individual ou do fornecimento da mesma para uso coletivo? Alguns desses conflitos, poder-se-ia argumentar, surgiriam no processo de construção da "fase mais alta da sociedade comunista", de que falava Marx, e não de dificuldades inerentes ao próprio comunismo. Mas, mesmo que admitamos isso, não é verdade a respeito de todas elas; e, dado que Marx concebe o comunismo como um estado de coisas dinâmico, condicionado pela busca da realização em trabalho criativo, é provável que as inovações técnicas e as expectativas crescentes criassem novos motivos de conflito.

Para muitos, o reconhecimento de que o comunismo de Marx não é a Harmonia de Fourier, de que a abolição das classes não é sinônimo de erradicação do conflito, equivale a uma confissão de derrota. Vimos, por exemplo, que David Held atribui a Marx a opinião de que "o fim das classes significa o fim de qualquer base legítima para disputas" (seção 4.2). Jon Elster, analogamente, acusa Marx de acreditar que "o processo decisório social pode ocorrer sem conflito, por aprovação unânime ou eleição".[84] Ora, não só não há prova de que Marx acreditasse em coisa tão tola mas a evidência que de fato existe aponta em direção oposta. Para começar, o comunismo é uma sociedade pautada pela meta da auto-realização individual. É, diz ele no *Manifesto*, "uma associação na qual o livre desenvolvimento de cada um é a condição para livre desenvolvimento de todos".[85] Em outro contexto, ele considera a liberdade como "a capacidade positiva do homem de afirmar sua verdadeira individualidade".[86] Essa visão de comunismo, como liberando as capacidades do indivíduo, certamente implica uma sociedade caracterizada pela diversidade — a menos que, como Elster, atribuamos a Marx "a idéia de que todos os indivíduos têm os mesmos talentos inatos, tanto quantitativa quanto qualitativamente".[87] Mas não só essa idéia é contrária à orientação das discussões que Marx faz do comunismo (por que enfatizar individualidade se todos os indivíduos são iguais?), mas ela é explicitamente rejeitada por ele. Um dos problemas que identifica com o princípio da contribuição de cada um, e que opera durante a transição para o comunismo, que recompensa a pessoa de acordo com o trabalho que ela executa, é que "um homem é superior a outro, física ou mentalmente", e, em conseqüência, contribui mais e é melhor recompensado. O princípio de contribuição aplica um "padrão igual" a "indivíduos desiguais (e eles não seriam indivíduos diferentes se não fossem desiguais)". A superioridade do princípio das necessidades ("De cada um segundo sua capacidade, a cada um segundo suas necessidades") é exatamente que ele leva em conta as diferenças em capacidade e necessidades individuais.[88]

Muito longe de impor uniformidade, a sociedade comunista implicaria a proliferação da diversidade. Argumenta Perry Anderson que

> uma sociedade socialista seria muito mais complicada do que a que temos hoje. Parece claro que se tivéssemos uma sociedade socialista na qual produção, poder e cultura fossem genuinamente democratizados, teríamos uma multiplicação enorme de diferentes estilos de vida. As pessoas escolheriam como quereriam viver e é perfeitamente claro que indivíduos têm diferentes temperamentos, talentos e valores. Essas diferenças são suprimidas e comprimidas em limites muito estreitos pelo mercado capitalista e pelas desigualdades da sociedade burguesa.[89]

Essa "multiplicação de estilos de vida" daria inevitavelmente origem a conflitos. Uma vez que o comunismo pressupõe abundância razoável, e não ilimitada, nem todos os objetivos poderiam ser realizados e todos teriam, até certo ponto, de conciliar seus objetivos com a realidade, a fim de participar do "trabalho que é determinado pela necessidade e por considerações mundanas", e sem o qual nem mesmo a abundância razoável seria reproduzida. A diversidade, portanto, sob quaisquer condições realistas, implica conflito. Marx admite tudo isso quando escreve: "O modo de produção burguês é a última forma antagônica do processo social de produção, antagônica não no sentido de antagonismo individual, mas de um antagonismo que emana das condições de existência do indivíduo." Tampouco isso é simplesmente a aceitação, a contragosto, de uma realidade desagradável. Na frase seguinte, diz que a derrubada do capitalismo assinala o fim da "pré-história da sociedade humana", uma observação que indica quão longe ele estava da idéia, popularizada por Fukuyama, de um "fim da história".[90] À medida que a humanidade entra no período de sua história real, pode-se esperar que o "antagonismo individual" se torne uma das principais forças propulsoras da mudança social em um mundo não mais dividido pela contradição entre as forças e as relações de produção.

Trotsky oferece uma explicação mais concreta da maneira como o conflito forneceria à sociedade comunista seu dinamismo:

> Haveria a luta do indivíduo por sua opinião, por seu projeto, por seus gostos. Na medida em que as lutas políticas fossem eliminadas — e, na sociedade sem classes, não haverá tais lutas —, as paixões libertadas serão canalizadas para a técnica, para a construção, que inclui também a arte (...) Todas as formas de vida, tais como o cultivo da terra, o planejamento de habitações humanas, a construção de teatros, os métodos para educar socialmente as crianças, a solução de problemas científicos, a criação de novos estilos, tudo isso absorverá a todos e a todo mundo. As pessoas se dividirão em "partidos" sobre a construção de um novo e gigantesco canal ou a distribuição de oásis no Saara (essa questão existirá, também), sobre a regulação do tempo atmosférico e o clima, sobre um novo teatro, uma nova hipótese da química, duas tendências rivais na música, e um melhor sistema de esportes.[91]

Não faz parte do marxismo clássico, portanto, equiparar comunismo à ausência de conflito. Surgem, porém, duas questões. Em primeiro lugar, de que modo o "antagonismo individual" difere dos conflitos da sociedade de classes? A resposta é, por certo, que os tipos de disputa que surgirão na sociedade comunista não envolverão diferenças sistemáticas em poder social, refletindo o controle ou falta de controle pelo indivíduo das forças produtivas. É provável que conflitos aconteçam porque as pessoas diferem, como disse Anderson, em "temperamentos, talentos e valores". Mas nada indica que essas diferenças levem a uma polarização social sistemática de tal ordem que os mesmos conjuntos de indivíduos se alinhem uns contra os outros em todos os assuntos controversos. Posso concordar com você que o automóvel deva ser eliminado, mas rejeitar sua proposta de que a grande metrópole seja arrasada e trocada por povoados menores, dispersos. Essas diferenças existem hoje, mas o fato é que a dependência do indivíduo de sua posição em relações antagônicas de produção (isto é, sua posição de classe) no empenho por realizar seus objetivos, por mais diversos que sejam, implica que surjam polarizações globais de interesses. A sociedade comunista, ao igualar a posição dos indivíduos nas relações de produção, tornaria possível o tipo de ordem pluralista que cientistas políticos anglo-saxões alegam ser um dos aspectos das democracias liberais do Ocidente, mas que é negada pelas desigualdades subjacentes à distribuição dos recursos produtivos sob o capitalismo. Cada questão controversa geraria sua própria divergência de opiniões, de modo que as pessoas se alinhariam de modo diferente no tocante às várias questões, produzindo um caleidoscópio de "partidos" coincidentes e efêmeros, emergindo em resposta a alguma questão específica e buscando apoio para ela, e dissolvendo-se ou declinando quando aquela questão fosse pelo menos temporariamente resolvida.[92]

Em segundo lugar: de que maneira, exatamente, seriam resolvidos esses conflitos? A resposta é, mais uma vez, muito clara: através de algum procedimento para tomada de decisões, baseado no princípio de governo da maioria. Lenin, explicitamente, rejeitou a idéia de que o desaparecimento do Estado sob o comunismo fosse equivalente "ao advento de um sistema de sociedade no qual o princípio de subordinação da minoria à maioria não seria observado".[93] Marx traçou uma distinção semelhante quando prognosticou que, sob o comunismo, "o poder público perderá seu caráter político. O poder político propriamente dito, é nada mais do que poder organizado de uma classe para oprimir outra".[94] O marxismo clássico, por conseguinte, distingue entre o Estado, que é um fenômeno da sociedade de classes, e o "poder público", que existe mesmo sob o comunismo, que é pautado pelo princípio da maioria. O fundamento lógico desse contraste é fornecido pela concepção de Marx e Lenin sobre o Estado, que consideram um aparelho especializado de coerção, ao mesmo tempo conseqüência e instrumento para perpetuar a existência do antagonismo de classe. Daí a importância do surgimento de formas de poder dos trabalhadores, começando com a Comuna, que, nas palavras de Engels, "deixou de ser um Estado no verdadeiro sentido da palavra".[95] A democracia socialista, uma forma de Estado que implica, conforme vimos, a participação sistemática da maioria trabalhadora no autogoverno, orienta-se para uma sociedade na qual não será mais necessário nenhum aparelho especializado de coerção. Essa sociedade, diz Lenin, é comunismo "porque não há ninguém para ser oprimido: 'ninguém' no sentido de uma classe, de uma luta sistemática contra um segmento definido da população".[96] Mas não se segue que essa sociedade possa dispensar o "poder público", isto é, mecanismos para solucionar conflitos e para tomar e fazer cumprir decisões que se baseiam em procedimentos democráticos, desenvolvidos durante as longas lutas pela emancipação, inicialmente contra a sociedade feudal e, mais tarde, contra a capitalista.

Numerosas pessoas não aceitarão essa distinção entre o Estado na sociedade de classes e o "poder público" sob o comunismo. Talvez queiram garantias de que não haveria outras polarizações sociais duradouras, sistemáticas, além das de classe — como de nacionalidade ou sexo, por exemplo.[97] Ou podem exigir uma explicação mais detalhada dos mecanismos de tomada de decisões sob o comunismo e de sua evolução a partir da forma institucional dos sovietes. Essas questões são legítimas.

Ainda assim, o comunismo, tal como concebido pelo marxismo clássico, não é vulnerável à objeção levantada por Held, de que esse sistema careceria de "um fórum para encorajar sistematicamente, e tolerar, a divergência e o debate sobre assuntos públicos" (seção 4.2). Muito ao contrário, tudo o que foi escrito sobre o assunto por Marx, Lenin, e Trotsky sugere que a sociedade comunista seria caracterizada por uma vida pública dinâmica e diversificada. Qual, então, o sentido de afirmar, como faz Trotsky no trecho citado acima, que as "lutas políticas seriam eliminadas" sob o comunismo? Só se a política for entendida como o processo através do qual classes com interesses antagônicos lutam para obter, reter ou influenciar o poder do Estado é que podemos falar em um "fim da política" sob o comunismo.[98] Há várias razões correlatas para insistir nesse emprego restritivo do termo "política". Em primeiro lugar, é provável que os conflitos sejam de caráter muito menos intenso quando as necessidades básicas do povo forem atendidas. Qualquer estudo, mesmo superficial, da política mundial moderna acusaria uma relação direta entre a extensão e a violência das lutas por poder e o grau de privação material da sociedade em questão. Em segundo, os conflitos sob o comunismo envolveriam, ao que tudo indica, grupos diferentes de indivíduos, de acordo com o ponto controverso sob discussão. O que é supostamente uma das virtudes da democracia liberal poderá ser realmente concretizado, uma vez que todos os que estiverem em minoria numa questão serão provavelmente compensados por estar em maioria em outras. Essas propriedades dos conflitos sob o comunismo — sua falta de intensidade e a promoção dos interesses de grupos diferentes — implicam, em terceiro lugar, que, em circunstâncias normais, a aceitação de decisões sociais provavelmente não requererá muita coação para que sejam cumpridas. Em todos esses aspectos, a vida pública sob o comunismo seria fundamentalmente diferente da política até mesmo nas mais liberais democracias capitalistas. Dar a ambas as atividades o mesmo nome só poderia, em seus efeitos, ter caráter apologético, uma vez que serviria para ocultar a diferença específica entre sociedades caracterizadas por exploração de classe e por violência organizada do Estado, por um lado, e, por outro, o comunismo, cuja existência depende da ausência desses aspectos.

A discussão precedente sobre o que poderíamos chamar de "comunismo viável" valeu-se amplamente de textos do marxismo clássico. Isso foi em parte uma resposta ao que Geras descreveu recentemente como a "difamação" e "caricaturização" sofridas por essa tradição nas mãos de autores de esquerda contemporâneos.[99] A concepção do comunismo esboçada acima por Marx e seus sucessores simplesmente não é vulnerável à maioria das críticas disparadas contra ela. Não se segue que essa explicação seja completa e satisfatória, embora não seja claro como ela possa ser desenvolvida, sem experimentos adicionais em democracia socialista. A despeito de todas suas falhas, contudo, a visão marxista de comunismo reveste-se de imensa força. Marx fez críticas famosas aos socialistas utópicos, tanto por causa de suas teorias erradas sobre a mudança social, que em geral faziam depender do trabalho libertador de uma elite esclarecida, quanto porque elas procuravam prever os resultados de um processo de transformação histórico de longa duração, oferecendo descrições detalhadas de uma sociedade futura. Mas há um sentido — um bom sentido — no qual Marx é tão utópico quanto Fourier: ambos se recusam a tratar a sociedade existente como o parâmetro das possibilidades humanas. Nada é mais impressionante na esquerda moderna do Ocidente do que sua visão empobrecida de mudança social. O sucesso de *A economia do socialismo possível*, de Nove, reflete a aceitação, tanto de stalinistas arrependidos quanto de social-democratas escarmentados, do "capitalismo realmente existente" como definidor dos horizontes da mudança possível: tudo o que podemos esperar é o "mercado com uma face humana", de que falava Adam Michnik. São espantosas as implicações dessa capitulação. O socialismo — somos levados a acreditar — tem de se adaptar a um mercado de cujos deleites a maior parte do mundo está excluída. Tem de aceitar como uma história de sucessos as sociedades cujas grandes cidades — Nova York e Londres, por exemplo — exibem agora, lado a lado e mais descaradamente do que em qualquer outro tempo neste século, a mendicância mais abjeta e a riqueza mais dissipadora. Tem de reconhecer como o laço social mais eficaz a relação instrumental de troca entre compradores e vendedores de mercadorias. Tem de pedir aos produtores de riqueza que aceitem a mesma posição de subordinação e exploração à qual foram condenados durante toda a história do capitalismo. Tem de se limitar humildemente a regular e moderar os efeitos de um sistema cujo alcance global e flutuações anárquicas cresceram desmesuradamente no último quarto de século. Será isso, realmente, o melhor que a humanidade poderá fazer? Poderá uma espécie, com uma história extraordinária de inovações técnicas e sociais condensada em uns poucos milênios, aceitar realmente o mercado como o *nec plus ultra* de seu desenvolvimento? Marx distinguiu entre a "forma burguesa limitada", na qual as forças produtivas crescem sob o capitalismo, e "o desenvolvimento absoluto das potencialidades criativas da humanidade sem outro pressuposto que o desenvolvimento histórico anterior, o que torna essa totalidade de desenvolvimento, isto é, o desenvolvimento de todas as potencialidades humanas enquanto tais o fim em si mesmo".[100] Desta última perspectiva, a do desenvolvimento da capacidade produtiva humana através de uma sucessão de formas sociais limitadas, o realista não é quem crê no mercado como o ponto final, e sim Marx.

Conclusão

Em um aspecto, as revoluções no Leste europeu simplificaram imensamente o assunto. Não pode haver dúvida agora de que vivemos em um único sistema mundial unificado. A ilusão de que havia um "terço socialista do mundo", de que um sistema sócio-econômico pós-capitalista, separado, estava em processo de construção, foi destruída, juntamente com a maioria dos regimes que supostamente o corporificavam. O impacto dessa colossal obra de rearrumação foi sentido muito além da Europa: partes substanciais da África e do Oriente árabe, onde o Estado unipartidário stalinista proporcionava um modelo político a regimes que, freqüentemente, faziam apenas as mesuras mais hipócritas aos ideais socialistas, presenciaram protestos populares em grande escala na virada da década de 1980. As implicações do colapso do stalinismo, porém, vão muito mais longe. As revoluções no Leste europeu aceleraram um processo que já estava em andamento: a unificação da política mundial. Numerosos fatores promoveram essa tendência: a globalização do capital, a industrialização de partes do Terceiro Mundo, grandes migrações dos países pobres para os ricos e o desenvolvimento de redes de telecomunicações transcontinentais, que significa que milhões podem assistir ao seriado *Dallas*, à derrubada do Muro de Berlim ou à libertação de Nelson Mandela. O efeito de tudo isso foi estimular pessoas a traçar analogias entre a sua situação e a de outros e a buscar inspiração em lutas aparentemente remotas. Os azerbeidjenos, na URSS, reagiram à abertura do Muro de Berlim derrubando as cercas da fronteira que os separavam de seus irmãos, os turcos do Irã. Manifestantes contra o imposto sobre moradia arriaram a Union Jack e arrancaram-lhe o centro em Whitehall, seguindo o exemplo dos romenos na Revolução do Natal. Claro que há poderosas contratendências, acima de tudo a renovada força de identidades nacionais e religiosas, parcialmente como reação ao dinamismo confuso e ameaçador de um sistema mundial que não respeita fronteiras estatais. Não obstante, existe indubitavelmente uma tendência pronunciada para formar juízos de valor e agir à luz de um sentimento de que fenômenos globais, indubitavelmente existem.

Mais do que isso, contudo: em São Paulo e em Varsóvia, em Joanesburgo e em Londres, em Seul e em Moscou, no Cairo e em Nova York, as mesmas opções básicas são colocadas. Deixamos o mercado vencer, com todas as desastrosas conseqüências que isso terá para o bem-estar da humanidade e, talvez, para a sobrevivência da terra? Vamos procurar humanizá-lo, como a social-democracia vem tentando fazer, sem sucesso, desde primórdios deste século? Ou vamos lutar para substituir a anarquia e a injustiça do capitalismo por um sistema social baseado no controle coletivo e democrático dos recursos do mundo pelos trabalhadores? Deve estar bem claro que prefiro a terceira dessas alternativas e que acredito que o marxismo clássico representa o melhor caminho para concretizá-la. "Melhor" não significa perfeito. Há, sem dúvida, muitas perguntas que os socialistas revolucionários têm ainda que responder ou responder satisfatoriamente. Não obstante, o marxismo clássico é a única tradição que possui os recursos teóricos e políticos necessários para enfrentar as questões com que ora nos deparamos. Conforme tentei demonstrar, ela é radicalmente contrária à sua monstruosa distorção stalinista. Em segundo, ela pode fornecer uma análise materialista histórica da ascensão e queda dessa distorção. Em terceiro, Marx e seus sucessores elaboraram uma estratégia perfeitamente exeqüível para derrubar o capitalismo e, em seu lugar, construir uma sociedade melhor.

As revoluções do Leste europeu, portanto, representam um momento, ao mesmo tempo, de perigo e esperança: perigo porque o colapso do stalinismo é interpretado, com enorme facilidade, não só pelos defensores, mas também pelos velhos adversários do capitalismo, como a morte de qualquer alternativa socialista ao *status quo*; e esperança porque a tradição marxista pode, finalmente, livrar-se do lixo do (não mais) "socialismo realmente existente". Há boas razões para acreditar que, uma vez extinto o clamor imediato que celebra "o triunfo do Ocidente", volte a se fazer sentir a necessidade de visões de uma sociedade alternativa ao capitalismo e de estratégias para realizá-la. Em um trecho justamente famoso do *Manifesto*, Marx elogia o capitalismo pelo seu dinamismo:

> A modificação radical constante da produção, a perturbação ininterrupta de todas as condições sociais, a incerteza e a agitação eternas distinguem a época burguesa de todas as anteriores. Todas as relações fixas, emperradas, com seu cortejo de preconceitos e opiniões antigas e veneráveis, são varridas para longe, todas as recém-formadas tornam-se antiquadas antes que possam se ossificar. Tudo o que é sólido desmancha-se no ar, tudo o que é santo é profanado, e o homem, finalmente, é compelido a enfrentar, com sobriedade, suas condições reais de vida e suas relações com sua espécie.[1]

As revoluções no Leste europeu varreram um conjunto de "relações fixas, emperradas", para benefício imediato do capitalismo multinacional.

A experiência de integração no mercado mundial, porém, colocará sob pressão crescente, ao que tudo indica, as ilusões sobre o capitalismo liberal, que constituíram um fator nesses levantes, e que ainda desempenham seu papel na crise que ora se desenrola na URSS. Muitos dos que vivem no que não podemos chamar mais de "bloco oriental" ver-se-ão "finalmente compelidos a enfrentar, com sobriedade, suas condições reais de vida". As conclusões que tirarão irão depender das alternativas políticas disponíveis: o crescimento do nacionalismo xenófobo e do racismo, tanto na Europa Ocidental quanto no Leste, dá alguma indicação do tipo de política que pessoas, ao despertarem de seus sonhos com o mercado, poderão aceitar. É essencial que a tradição marxista compareça entre essas alternativas, a fim de fornecer um internacionalismo que não é o das empresas multinacionais e das bolsas de valores, mas que reflita as linhas globais do conflito entre capital e trabalho, bem como de defender uma razão que expressa não a promoção do auto-interesse individual, mas a capacidade da humanidade de dirigir coletivamente, sua própria vida e regular suas relações com a natureza. Desde a década de 1920, essa tradição tem sido confinada às margens da vida política, perseguida, ridicularizada, e (talvez pior que tudo) reduzida à condição de especialidade acadêmica. O marxismo clássico pode agora, finalmente, livrar-se do pesadelo stalinista e aproveitar as oportunidades oferecidas por um mundo que experimenta "maior incerteza e agitação" do que há muitas décadas. Chegou a hora de concluir negócios inacabados.

Notas

Convenções das Abreviações

FT	*Financial Times*
IS	*International Socialism*
LCW	V.I. Lenin, *Collected Works* (45 vols., Moscou, 1974)
MECW	K. Marx e F. Engels, *Collected Works* (50 vols., publicados ou em preparação, Londres, 1975-)
NLR	*New Left Review*

Capítulo 1
O Fim do Socialismo? (pp. 17-33)

1. Citado em E.J. Hobsbawm, *Echoes of the Marseillaise* (Londres, 1990), pp.ix-x.
2. R. Rorty, *Contingency, Irony, and Solidarity* (Cambridge, 1989), p.94.
3. Para uma descrião e análise do movimento democrático, ver C. Hore, "China: Tiananmen Square and After", *IS*, 2: 44 (1989).
4. As transformações ocorridas no Leste europeu foram captadas por Tim Garton Ash em uma brilhante coletânea de instantâneos, *We the People* (Cambridge, 1990), e analisadas por Chris Harman no "The Storm Breaks", *IS*, 2: 46 (1990).
5. H.R. Trevor-Roper," The Crowning Revolution", *The Independent Magazine*, 6 de janeiro de 1990.
6. "The State of Europe: Christmas Eve 1989", *Granta*, 30 (1990), p.131.
7. F. Fukuyama, "The End of History?", *The National Interest*, verão de 1989, pp. 3, 4, 9, 18.
8. P.Q. Hirst, "Endism", *London Review of Books,* 23 de novembro de 1989, p.14. Outras críticas às idéias de Fukuyama são as de J. Rees, "Goodbye to All That", *Socialist Worker Review*, set. 1989; J. Steele, E. Mortimer, e G. Stedman Jones," The End of History?", *Marxism Today*, nov. 1989; e J. McCarney, "History under the Hammer", *Times Higher Education Supplement*, 1 de dezembro de 1989.
9. Mortimer, "End", p.29.
10. Fukuyama,"End", p.18.

11. *Independent*, 5 de fevereiro de 1990.
12. P. Johnson, "Demise of Crooked Creed", *Spectator*, 17 de fevereiro de 1990, p. 21.
13. J. Rees, "Infuriating Mixture", *Socialist Worker Review*, nov. 1989, p.32.
14. T.G. Ash, "Ten Days that Stirred the World", *Spectator*, 2 de dezembro de 1989, p.9.
15. S. Rushdie, "Is Nothing Sacred?", *Granta*, 31 (1990), p.109.
16. R. L.Heilbroner, *Beyond Boom and Crash* (Londres, 1979), p.79.
17. Citado em J. Slovo, *Has Socialism Failed*? (Londres, 1990), p.7.
18. E.J. Hobsbawm, "Waking from History's Great Dream", *Independent on Sunday Review,* 4 de fevereiro de 1990, pp.3-5.
19. C. Myant, "Living with Lenin", *7 Days*, 24 de fevereiro de 1990.
20. M. Jacques, "After Communism", *Marxism Today*, jan. 1990, p.37.
21. F. Halliday, "The Ends of the Cold War", *NLR*, 180 (1990), pp. 12, 18, 35. Halliday faz uma análise "alemã" do conflito Leste-Oeste no *The Making of the Second Cold War* (Londres, 1983).
22. *Independent*, 22 de fevereiro de 1990.
23. M. Lewin, *The Making of the Soviet System* (Londres, 1985), p.191.
24. Id., *Lenin's Last Struggle* (Londres,1973). A principal controvérsia entre o moribundo Lenin e Stalin foi sobre "O Chauvinismo grão-russo", revelado por este último na qualidade de Comissário das Nacionalidades. Até mesmo Richard Pipes, em seu violento estudo antibolchevique, *The Formation of the Soviet Union*, ed. rev. (Cambridge, Mass., 1964), não conseguiu esconder o imenso espaço, que separava a insistência de Lenin em que "o interesse fundamental da solidariedade proletária (...) exige que, neste caso, jamais tratemos formalmente a questão nacional, mas sempre levando em conta a diferença na relação entre a nação pequena ou oprimida frente à nação maior ou opressora" (citado, p.285) e a institucionalização da dominação russa na URSS desde sua fundação em 1924.
25. "Buckharin-Kamenev Meeting", Apêndice A, em L.D. Trotsky, *The Challenge of the Left Oposition* (1928-29) (Nova York, 1981), pp. 379-83.
26. Ver as descrições em A.I. Solzhenitsyn, *The Gulag Archipelago, II* (Londres, 1976), pp. 303-7, 372-76, e "M.B.", "The Trotskyists in Vorkuta Prison Camp", em T. Ali (org.), *The Stalinist Legacy* (Harmondsworth, 1984).
27. Exemplos notáveis de aprofundamentos teóricos recentes do materialismo histórico incluem os trabalhos de L. Althusser e E. Balibar, *Reading Capital* (Londres, 1970), B. Hindess e P.Q. Hirst, *Pre-Capitalist Modes of Production* (Londres, 1975), E.P. Thompson, *The Poverty of Theory and Other Essays* (Londres, 1978), G.A. Cohen, *Karl Marx's Theory of History* (Oxford, 1978), P. Anderson, *Arguments within English Marxism* (Londres, 1980), G.E.M. de Ste. Croix, *The Class Struggle in the Ancient Greek World* (Londres, 1981), T.H. Aston e C.H.E. Philpin, *The Brenner Debate* (Cambridge, 1985), C. Harman, "Base and Superstructure", IS, 2: 32, e A. Callinicos, *Making History* (Cambridge, 1987). [Edições brasileiras: Althusser, *Ler O Capital*, Rio, Zahar, vol. 2, 1980; Hindess e Hirst, *Modos de produção pré-capitalista*, Rio, Zahar, 1976; Thompson, *A miséria da teoria ou um planetário de erros (uma crítica ao pensamento de Althusser)*, Rio, Zahar, 1981.]

28. E. Gellner, *State and Society in Soviet Thought* (Oxford, 1988), p.163.
29. Ver esp. A. Giddens, *A Contemporary Critique of Historical Materialism* (Londres, 1981), M. Mann, *The Sources of Social Power*, I (Cambridge, 1986), R. Unger, *Politics* (3 vols., Cambridge, 1987), E. Gellner, *Plough, Sword and Book* (Oxford, 1988), e W.G. Runciman, *A Treatise on Social Theory*, II (Cambridge, 1989). Perry Anderson estuda o que chama de "aparecimento na Grã-Bretanha, durante a década de 1980, de uma série de teorias em grande escala, comparáveis em abrangência à esboçada por Marx, e concebidas para superá-la" (Giddens, Mann, Ruciman, Gellner), em "A Culture in Contraflow" —I, *NLR*, 180 (1990), pp. 51-73.
30. *MECW*, XXIV, p. 269.
31. Ibid., VI, p. 495.
32. H. Draper, "The Two Souls of Socialism", *New Politics*, V:I (1966), *passim*. Draper discorre longamente sobre sua concepção de marxismo no *Karl Marx's Theory of Revolution* (3 vols., Nova York, 1977, 1978, 1986).
33. Ver D. Hallas, *Trotsky's Marxism* (Londres, 1979), e A. Callinicos, *Trotskyism* (Milton Keynes, 1990), caps. 1-3.
34. T. Cliff, "The Nature of Stalinist Russia", *Revolutionary Communist Party Internal Bulletin*, jun. de 1948, p.142; *State Capitalism in Russia* (Londres, 1988), p. 276.
35. C. Harman, "Prospects for the Seventies: the Stalinist States", *IS*, 42 (1970), p. 19.

Capítulo 2
O *Ancien Régime* e a Revolução (pp. 34-79)

1. R. Pipes, *Russian under the Old Regime* (Harmondsworth, 1977).
2. S. Fitzpatrick, *The Russian Revolution 1917-1932* (Oxford, 1982), p.3.
3. Ver P. Broué, *Révolution en Allemagne 1918-1923* (Paris, 1973), e C. Harman, *The Lost Revolution* (Londres, 1982).
4. C. Rosenberg, *1919* (Londres, 1987) e P. Spriano, *The Occupation of the Factories* (Londres, 1975).
5. N.J. Bukharin, *Imperialism and World Economy* (Londres, 1972) [*O imperialismo e economia mundial*, Rio, Laemmert, 1969].
6. L.D. Trotsky, *1905* (Harmondsworth, 1973), Caps. 1-4; ver também id., *The History of the Russian Revolution* (3 vols., Londres, 1967), I. Cap. 1 [*História da Revolução Russa*, Rio, Saga e Paz e Terra, 3 vols, 1967, 1978]. Uma perspectiva notavelmente semelhante da Revolução Russa, da forma vista por Trotsky e Bukharin, é proporcionada pelo historiador conservador Norman Stone no *The Eastern Front* (Londres, 1975), esp. nos Caps. 7, 8, 9 e 13. Conclui ele (p. 301): "A Revolução bolchevique era um fato consumado antes de acontecer."
7. T. Cliff, *Lenin* (4 vols., Londres, 1975-79), e M. Liebman, *Leninism under Lenin* (Londres, 1975).
8. N.N. Sukhanov, *The Russian Revolution 1917* (Princeton, 1984), pp.648-9.
9. A. Rabinowitch, *The Bolsheviks Come to Power* (Londres, 1979), pp.xx-xxi.

10. *The Bolsheviks and the October Revolution: Central Committee Minutes of the Russian Social-Democratic Labour Party (Bolsheviks) August 1917-February 1918* (Londres, 1974).
11. M. Ferro, *October 1917* (Londres, 1980), pp. 272, 274. Ver também, *inter alia*, Cliff, *Lenin*, II, S. Smith, *Red Petrograd* (Cambridge, 1983), D. Mandel, *The Petrograd Workers and the Fall of the Old Regime* (Londres, 1983), id., *The Petrograd Workers and the Soviet Seizure of Power* (Londres, 1984), e A. Rabinowitch, *Prelude to Revolution* (Bloomington, Indiana, 1968).
12. M. Lewin, *The Making of the Soviet System* (Londres, 1985), p. 199.
13. Citado em P. Sedgewick, introdução ao livro de V. Serge, *Memoirs of a Revolutionary 1901-41* (Oxford, 1967), pp. xv-xvi [*Memórias de um revolucionário*, São Paulo, Cia. das Letras].
14. Citado em Ferro, *October 1917*, p. 148.
15. Cliff, *Lenin*, III, p. 113.
16. Mandel, *Petrograd Workers and Soviet Seizure*, p. 383.
17. Cliff, *Lenin*, III, Caps. 7-13.
18. *MECW*, V, p. 49.
19. *LCW*, XXVI, pp. 470-71; XXVII, p. 98.
20. Cliff, *Lenin*, IV, e D. Hallas, *The Comintern* (Londres, 1985).
21. *LCW*, XXX, p. 263.
22. A. Nove, *An Economic History of the USSR* (Harmondworth, 1972), p. 105-9. Para uma discussão crítica do conceito de *kulak*, em particular, ver Lewin, *Making*, Cap. 5.
23. Ver, por exemplo, R. Medvedev, *The October Revolution* (Londres, 1979), Parte IV.
24. *LCW*, XXXII, p. 48.
25. Ibid., p. 225.
26. Ver, por exemplo, o sumário desses debates em Nove, *Economic History*, Cap. 5, e, em mais detalhes, E.H. Carr, *Socialism in One Country 1924-1926*, II (Londres, 1959), Parte III.
27. R.V. Daniels, "Soviet Politics since Krushchev", in J.W. Strong (org.), *The Soviet Union under Brezhnev and Kosygin* (Nova York, 1971), p. 20.
28. Fitzpatrick, *Russian Revolution*, Cap. 5.
29. T. Cliff, *State Capitalism in Russia* (Londres, 1988), pp. 164-66.
30. Ver esp. M. Reiman, *The Birth of Stalinism* (Londres, 1987).
31. Ver, por exemplo, Nove, *Economic History*, Cap. 7, e Lewin, *Making*, Parte II.
32. Nove, *Economic History*, pp. 142-48, 187-89.
33. J.V. Stalin, *Collected Works* (13 vols., Moscou, 1964-65), XIII, pp. 40-1.
34. *LCW*, XXIX, p. 153.
35. W.H. McNeill, *The Pursuit of Power* (Oxford, 1982), Caps. 7-9.
36. Nove, *Economic History*, p. 220.
37. Ver M. Ellman, "Did the Agricultural Surplus Provide the Resources for the Increase in Investment in the USSR during the First Five-Year Plan?", *Economic Journal*, 85 (1975), e J.R. Miller e A. Nove, "A Debate on Collectivization", *Problems of Communism*, jul.-ago. 1976.

38. D. Filtzer, *Soviet Workers and Stalinist Industrialization* (Londres, 1986), p. 91.
39. Lewin, *Making*, Cap. 9.
40. Ellman, "Agricultural Surplus", pp. 856-57.
41. Filtzer, *Soviet Workers, passim*. Compare com T.W. Mason, "The Workers' Opposition in Nazi Germany", *History Workshop*, 11(1981).
42. M. Lewin,"Society, State, and Ideology during the First Five-Year Plan", reproduzido em Lewin, *Making*, p. 221.
43. G. Wheatcroft, "On Assessing the Size of Forced Concentration Camp Labour in the Soviet Union,1929-56", *Soviet Studies*, XXXIII: 2(1981), p. 286.
44. J.F. Hough e M. Fainsod, *How the Soviet Union is Governed* (Cambridge, Mass,1979), pp. 176-77. Estimativas ocidentais recentes como a mencionada acima tendem a dar cifras muito mais baixas ao número das vítimas de Stalin do que as que se tornaram populares na URSS sob Gorbachev.
45. Filtzer, *Soviet Workers*, pp. 131 e segs.
46. S. Fitzpatrick (org.), *Cultural Revolution in Russia, 1928-31* (Bloomington, Indiana, 1978).
47. Por exemplo, Fitzpatrick, *Russian Revolution*, pp. 129 e segs.
48. Ver esp. Filtzer, *Soviet Workers*, pp. 48-9.
49. N.S. Timasheff, *The Great Retreat* (Nova York, 1946).
50. Cliff, *State Capitalism*, pp. 77-93.
51. Lewin, *Making*, pp. 236-37.
52. J.A. Getty, *Origins of the Great Purges* (Cambridge, 1985). Mas ver também, a resenha sumamente crítica de Robert Conquest, "Purge and Revision", *Times Literary Supplement*, 9 de maio de 1986.
53. S. Fitzpatrick, "Cultural Revolution as Class War", em id. (org.), *Cultural Revolution*, p. 39.
54. J.F. Hough, *Russia and the West*, 2. ed. (Nova York, 1990), pp. 18-22.
55. M. Lewin, *Political Undercurrents in Soviet Economic Debates* (Londres, 1975), p. 253.
56. Ver, por exemplo, A. Nove, *The Soviet Economic System*, 3. ed. (Londres, 1986).
57. Ver R. Rosdolsky, *The Making of Marx's Capital* (Londres, 1977), e A. Callinicos, *Is there a Future for Marxism?* (Londres, 1982), Caps. 5 e 6.
58. Filtzer, *Soviet Workers*, p. 135. Filtzer nega que a força de trabalho seja uma mercadoria na URSS (pp. 259-60), mas ele mesmo menciona as semelhanças entre o comportamento da classe operária na URSS e em outras economias repressivas, com carência de mão-de-obra, como na Alemanha nazista (pp.152-6).
59. Nove, *Soviet Economy System*, p. 203. No tocante à década de 1930, ver, por exemplo, Filtzer, *Soviet Workers*, pp.52-3, e, para uma discussão teórica dos pontos envolvidos, ver A. Callinicos, "Wage-Labour and State Capitalism", *IS*, 2: 12 (1981).
60. Cliff, *State Capitalism*, p.47.
61. Ibid., p. 165.
62. Citado em C. Harman, "The Myth of Market Socialism", *IS*, 2: 42 (1989), p.49.

63. C. Harman, *Explaining the Crisis* (Londres, 1984), Cap. 2.
64. E. Mandel, *The Second Slump* (Londres, 1980), pp.147-48. Para uma avaliação crítica dos trabalhos mais recentes de Mandel sobre a URSS, ver C. Harman, "From Trotsky to State Capitalism", *IS*, 2. 47 (1990).
65. Citado em C. Harman e A. Zebrowski, "Glasnost —Before the Storm", *IS*, 2: 39 (1988), p.5.
66. M. Shachtman, *The Bureaucratic Revolution* (Nova York, 1962). Ver, para uma avaliação da análise de Shachtman sobre o stalinismo, T. Cliff, "The Theory of Bureaucratic Collectivism: A Critique", Apêndice 2, do *State Capitalism*, de Cliff. Diz muito sobre o que passa por erudição na esquerda acadêmica contemporânea o fato de que um ilustre "pós-marxista" americano atribua a Shachtman "a famosa tese de que a Rússia, em meados da década de 1930, tornara-se um regime capitalista de Estado". Ver S. Aronowitz, *The Crisis in Historical Materialism*, 2. ed. (Londres, 1990), p. 319. Discuto a tradição associada a Shachtman em *Trotskyism* (Milton Keynes, 1990), Cap. 4.
67. F. Fehér e A. Heller, *Eastern Left, West Left* (Cambridge, 1987), pp. 56, 59, 185.
68. *FT*, 21 de fevereiro de 1990.
69. M.Haynes, "Understanding the Soviet Crisis", *IS*, 2: 34 (1987), pp. 6-20.
70. M.C. Kaser, introdução do organizador ao *An Economic History of Eastern Europe 1919-75* (Oxford, 1985), p. 9.
71. Hough, *Russia*, p. 237.
72. Estimativas da CIA, citadas em C. Harman, "The Storm Breaks", *IS*, 2: 46 (1990), p. 3l.
73. Ver, por exemplo, os diagnósticos discutidos em Lewin, *Political Undercurrents*.
74. J. Kornai, *Growth, Shortage and Efficiency* (Oxford, 1982), p. 90.
75. M. Wolf, "Death Rattle of the Stalinist War Economy", *Survey on the Soviet Union, FT*, 12 de março de 1990.
76. Id., "Measures of the Task Ahead", *Survey on the Soviet Union, FT,* 12 de março de 1990.
77. Essas mudanças constituem o tema principal de dois livros de Nigel Harris, *Of Bread and Guns* (Harmondsworth, 1983), e *The End of the Third World* (Londres, 1986). Para uma tentativa de ressalvar algumas das alegações mais extremadas feitas nesses textos, ver A. Callinicos, "Imperialism, Capitalism and the State Today", *IS*, 2: 35 (1987).
78. Citado em Harris, *End*, p. 212, n.9.
79. Ver C. Harman, *Class Struggles in Eastern Europe, 1945-83* (Londres, 1983), Cap. 9.
80. Ver id., "The Storm Breaks", pp. 44-7. Toda a análise precedente deve muito a esse artigo.
81. B. Kagarlitsky, *The Dialectic of Change* (Londres, 1990), p.284.
82. M. Lewin, *The Gorbachev Phenomenon* (Londres, 1988), pp. 31-32.
83. Hough, *Russia*, p. 93.
84. Ver, por exemplo, Kagarlitsky, *Dialectic*, Cap. 6, e Lewin, *Gorbachev Phenomenon.*, Cap. 3.

85. Kagarlitsky, *Dialectic*, p. 292.
86. Ver K.M. Simis, *USSR-Secrets of a Corrupt Society* (Londres, 1982).
87. S.F. Cohen, "The Friends and Foes of Change", in id. et. al (orgs.), *The Soviet Union since Stalin* (Londres, 1980).
88. Compare com as explicações muito diferentes de Hough, *Russia*, Caps. 6-7, e Z. Medvedev, *Gorbachev*, ed. rev. (Oxford, 1987), Parte I.
89. T. Ali, *Revolution from Above* (Londres, 1988), p. xii.
90. Medvedev, *Gorbachev*, pp. 191, 285.
91. A. de Tocqueville, *The Ancien Régime and the French Revolution* (Londres, 1966), p. 196.
92. C. Harman, "The Stalinist States", *IS*, 42 (1970), p. 14.
93. T.G. Ash, *The Uses of Adversity* (Cambridge, 1989), p. 276.
94. P. Anderson, "Modernity and Revolution", em C. Nelson e L.Grossberlg (orgs.) *Marxism and the Interpretation of Culture* (Bassingstoke, 1988), p. 332.
95. "Themes", *NLR*, 178 (1989), pp. 1-2.
96. T.G. Ash, "New Faces for Old in Eastern Europe", *Spectator*, 17 de março de 1990, p. 9.
97. V. Havel, "Anti-Political Politics", em J. Keane (org.), *Civil Society and the State* (Londres, 1990), pp. 395, 392, 394.
98. N. Ascherson, "Who Would Have Thought It?", *London Review of Books*, 8 de março de 1990, p. 6. Ver também T.G. Ash, "Does Central Europe Exist?", em id., *Uses*.
99. *FT*, 29 de novembro de 1989.
100. N. Ascherson, "Old conflicts in the New Europe", *Independent on Sunday,* Sunday Review, 18 de fevereiro de 1990, p. 4.
101. L.D. Trotsky, *Writings (1933-34)* (Nova York, 1972), pp. 102-03.
102. Cliff, *State Capitalism*, p. 195.
103. T.G.Ash, *We the People* (Cambridge, 1990), p. 141.
104. J. Kuron e K. Modzelewski, *A Revolutionary Socialist Manifesto* (Londres, 1968).
105. M. Matthews, *Privilege in the Soviet Union* (Londres, 1978).
106. Ver, por exemplo, J.F. Hough, *The Soviet Prefects* (Cambridge, Mass.,1969).
107. *FT*, 3 de outubro de 1989.
108. Ibid., 19 de janeiro de 1990.
109. Ibid., 13 de janeiro de 1990.
110. Ibid., 28 de fevereiro e 13 de maio de 1990.
111. Harman, "The Storm Breaks", pp. 64 e segs.
112. *FT*, 13 de maio de 1990.
113. Ibid., 3 de outubro de 1989.
114. L.D. Trotsky, *The Revolution Betrayed* (Nova York, 1972), p.288 [*A revolução traída*, São Paulo, Global, 1980].
115. *FT*, 17 de abril de 1990.
116. Ibid., 18 de abril de 1990.
117. Ash, *We the People*, p. 45.
118. *FT*, 21 de maio de 1990.
119. *Survey on the Soviet Union, FT*, 12 de março de 1990.

120. *Socialist Worker*, 22 de julho de 1989. Uma descrição detalhada da greve dos mineiros é dada por T. Friedgut e L. Siegelbaum, em "Perestroika from Below", *NLR*, 181 (1990).
121. *Independent*, 7 de fevereiro de 1990.
122. *FT*, 14 de fevereiro de 1990.
123. Ver entrevista com Oleg Voronin, *Socialist Worker*, 2 de março de 1990.
124. *Independent*, 8 de fevereiro de 1990.
125. Harman, "Stalinist States", p. 17.
126. *FT*, 27 de janeiro de 1990.
127. Ibid., 20 de novembro de 1989.
128. B. Kagarlitsky, "The Importance of being Marxist", *NLR*, 178 (1989), pp.32-3.
129. *FT*, 19 de fevereiro de 1990.
130. *Independent*, 13 de abril de 1990.
131. *FT*, 19 de janeiro de 1990.
132. Citado em Harman, "The Storm Breaks", p. 81.
133. *Socialist Worker*, 2 de março de 1990. Ver também B. Kagarlitsky, *Farewell Perestroika* (Londres, 1990). Não obstante, a concepção estratégica de "reformismo revolucionário", proposta pelo Comitê em prol de um Novo Partido Socialista, é indicativa de considerável confusão: se o Estado russo existente pode ou não ser gradualmente modificado ou deve ser derrubado. Ver minha resenha crítica do *Dialectic of Change*, de Kagarlitsky, em "A Third Road?", *Socialist Worker Review*, fev. de 1990.

Capítulo 3
O Triunfo do Ocidente? (pp. 80-108)

1. F. Fukuyama, "The End of History?", *The National Interest*, verão de 1989, p.3.
2. Chris Harman analisou as causas econômicas e retroagiu às origens do curso político da crise em, respectivamente, *Explaining the Crisis* (Londres, 1984) e *The Fire Last Time* (Londres, 1988).
3. *FT*, 20 de setembro de 1989.
4. Uma das versões mais bem acabadas dessa teoria é encontrada em D. Harvey, *The Condition of Postmodernity* (Oxford, 1989). No *Against Postmodernism* (Cambridge, 1990), critiquei a idéia de uma fase qualitativamente nova da evolução capitalista. O conceito de "capitalismo multinacional", usado no último capítulo, não se refere a qualquer fase distinta, tanto por causa da continuada importância do Estado, a despeito da internacionalização do capital, quanto porque a tendência para a integração global em nenhum sentido representa a estabilização a longo prazo da economia mundial, vistas as crises da década de 1970 e princípios da de 1980.
5. *FT*, 7 de setembro de 1982.
6. *Survey on the World Economy, FTJ*, 26 de setembro de 1989. O "PNB mundial" aqui referido exclui a URSS e a maioria dos países do Comecon.
7. *FT*, 31 de maio de 1989.
8. Ibid., 13 de outubro de 1989.

9. *Independent*, 24 de abril de 1990.
10. *Survey on the World Economy, FT*, 26 de setembro de 1989.
11. *FT*, 22 de setembro de 1986.
12. Ibid., 8 de setembro de 1986.
13. Ibid., 27 de julho de 1987.
14. Ibid., 30 de junho de 1988.
15. Ibid., 22 de novembro de 1989.
16. Ibid., 19 de fevereiro de 1990.
17. Ibid., 1 de março de 1990.
18. Ibid., 23 de abril de 1990.
19. Ver A. Callinicos, "Imperialism, Capitalism and the State Today", *IS*, 2: 35 (1987), pp. 88-94.
20. P. Kennedy, *The Rise and Fall of the Great Powers* (Londres, 1989), pp.xxii-xxiii.
21. *Survey on the World Economy, FT*, 26 de setembro de 1989. Para uma história interessante, embora excessivamente conspiratória, da integração política dos capitalismos dos Estados Unidos e Europa Ocidental, ver K. van der Pijl, *The Making of an Atlantic Rulling Class* (Londres, 1984).
22. Harman, *Explaining*, pp. 93-9.
23. F. Halliday, *The Making of the Second Cold War* (Londres, 1983).
24. Kennedy, *Rise and Fall*, Caps. 5 e 6.
25. *Survey on the World Economy, FT*, 26 de setembro de 1989.
26. *FT*, 6 de outubro de 1989.
27. Ibid., 30 de novembro de 1989.
28. Ibid., 1 de dezembro de 1989.
29. Ibid., 5 de dezembro de 1989.
30. Ibid., 6 de dezembro de 1989.
31. *Independent*, 1 de março de 1990.
32. N. Bobbio, "The Upturned Utopia", *NLR*, 177 (1989), p. 39.
33. *FT*, 13 de dezembro de 1989.
34. *Independent*, 15 de dezembro de 1989.
35. *FT*, 14 de dezembro de 1989.
36. Ibid., 10 de janeiro de 1990.
37. Ibid., 30 de novembro de 1989.
38. Ibid., 30 de janeiro de 1990.
39. *Melbourne Age*, 5 de abril de 1988.
40. Observação feita durante a contribuição de Frank para o painel "Onde estamos na História?", Socialist Scholars'Conference, Nova York, 8 de abril de 1990.
41. F. Halliday, *Cold War, Third World* (Londres, 1989), p.70, e Cap.3, passim.
42. A. Cockburn, "Backyard Stench", *New Statesman and Society*, 18 de maio de 1990, p. 19. Ver também M. Gelhorn, "The Invasion of Panama", *Granta*, 32 (1990).
43. F. Halliday, "The Ends of the Cold War", *NLR*, 180 (1990), p.9.
44. *FT*, 27 de março de 1990.
45. Ibid., 24 de outubro de 1988.
46. B. Kargarlitsky, "The Importance of Being Marxist", *NLR*, 178 (1989), p.35.

47. M. Kundera, "A Kidnapped Western Culture Bows Out", *Granta*, 11 (1984), pp. 95, 97-102.
48. Ver, por exemplo, a carta de Ian Thompson publicada em *Granta*, 13 (1984), pp. 267-8.
49. C.L.R. James, *Notes on Dialectics* (Londres, 1980), p. 136.
50. T.G. Ash, *The Uses of Adversity* (Cambridge, 1989), pp. 165-6.
51. J. Szücs, "Three Historical Regions of Europe", em J. Keane (org.), *Civil Society and the State* (Londres, 1988), esp. as pp. 322-30. A diversidade cultural da *Mitteleuropa* é brilhantemente descrita por Claudio Magris em *Danube* (Londres, 1989).
52. Ver C. Schorske, *Fin-du-Siècle Vienna* (Nova York, 1981).
53. Ash, *Uses*, p. 166.
54. E.J. Hobsbawm, *The Age of Empire 1875-1914* (Londres, 1987), p. 279.
55. M. Vajda, "East-Central European Perspectives", em Keane (org.), *Civil Society*, pp. 333-4.
56. Citado na *Socialist Worker Review*, dez. de 1989.
57. W. Benjamin, *Illuminations* (Londres, 1970), p. 258.
58. Ver R. Augstein et al., *"Historikerstreit"* (Munique, 1987), o número especial da *New German Critique*, 44 (1988) e, para a refutação da idéia de um *Sonderweg* (caminho especial) alemão, D. Blackbourn e G. Eley, *The Pecularities of German History* (Oxford, 1984). Detlev Peukert aproveita os resultados da *Alltagsgeschichte*, a história da vida cotidiana sob Hitler, a fim de apresentar uma convincente interpretação do nazismo como uma conseqüência das contradições da modernidade, embora, por alguma razão, acredite que essa idéia é incompatível com a teoria marxista de fascismo. Ver *Inside Nazi Germany* (Harmondsworth, 1989).
59. G. Barraclough, *European Unity in Theory and Practice* (Oxford, 1963), p.41.
60. J. Herrin, *The Formation of Christendom* (Oxford, 1987), p.8.
61. D. Hay, *Europe: the Emergence of an Idea* (Edimburgo, 1957), especialmente Caps. 6 e 7.
62. E.W. Said, *Orientalism* (Harmondsworth, 1985).
63. Ibid., pp.206-7.
64. P. Alexander, *Race, Resistance, and Revolution* (Londres, 1987).
65. A. Barnett, H.M. Enzensberger, e B. Kagarlitsky, "Back in the URSS". *New Statesman and Society*, 10 de novembro de 1989, p.26.
66. Barraclough, *European Unity*, como, por exemplo, as pp. 7-21.
67. N. Ascherson, "Old Conflicts in the New Europe", *Independent on Sunday* Sunday Review, 18 de fevereiro de 1990, p. 5.
68. J. Hough, *Russia and the West*, 21. ed. (Nova York, 1990), pp. 179-80, 205-6. Segundo Oleg Voronin, descrições de testemunhas visuais sugerem que os *pogroms* antiarmênios, usados para justificar a ocupação militar de Baku em janeiro de 1990, foram provocados "por agentes da máquina política local e pela KGB". Entrevista concedida ao *Socialist Worker*, 2 de março de 1990.
69. Kennedy, *Rise and Fall*, pp. 609-10.
70. "Report on Economic and Monetary Union in the European Community", extratos publicados na *FT*, 18 de abril (itálicos no original).

71. P. Hirst, "Endism", *London Review of Books*, 23 de novembro de 1989, p. 14.
72. J. Grahl e P. Teague, "The Cost of Neo-Liberal Europe", *NLR*, 174 (1989), p. 35.
73. "Mitterrand the Monetarist", editorial na *FT*, 20 de abril de 1990.
74. *FT*, 7 de fevereiro de 1990. A erosão do corporativismo sueco, na verdade, já estava em andamento há algum tempo. Ver, a propósito, S. Lash e J. Urry, *The End of Organized Capitalism* (Cambridge, 1987).

Capítulo 4
Além do Mercado (pp. 109-147)

1. Ver, por exemplo, I. Forbes (org.), *Market Socialism: Whose Choice?* (Londres, 1986).
2. Discurso sobre Gorbachev e a Esquerda, pronunciado na Conferência do Movimento Socialista, no dia 3 de junho de 1989.
3. Por exemplo, B. Kagarlitsky, "The Market instead of Democracy?", *IS*, 2: 45 (1989).
4. T.G. Ash, *We the People* (Cambridge, 1990), p.151.
5. L. von Mises, "Economic Calculation in the Socialist Commonwealth", F.A. von Hayek (org.), *Collectivist Eonomic Planning* (Londres, 1935), pp. 104, 106. Ver também L. Robinson, *The Great Depression* (Londres, 1934), pp. 145-56.
6. O. Lange e F.M. Taylor, *On the Economic Theory of Socialism* (Nova York, 1964). Algumas críticas a essa solução, feitas por Maurice Dobb em *On Economic Theory and Socialism* (Londres, 1955), são válidas, embora apresentadas em defesa da economia dirigida stalinista.
7. A. Nove, *The Economics of Feasible Socialism* (Londres, 1983), pp. 59, 33.
8. C. Harman, "The Myth of Market Socialism", *IS*, 2: 42 (1989), e E. Mandel "In Defence of Socialist Planning", *NLR*, 159 (1986). Ver também M.Haynes, "Nightmare of the Market", *IS*, 2: 41 (1988), que discute os dois principais alegados sucessos do socialismo de mercado, Iugoslávia e Hungria.
9. T. Cliff, *Russia: a Marxist Analysis*, 3. ed. (Londres, 1970), Cap. 12, e C. Harman, "Poland Crisis of State Capitalism", *IS*, 93 e 94 (1976-7).
10. Nove, *Economics*, p. 201.
11. Harman, "Myth", p. 18.
12. R. Nozick, *Anarchy, State and Utopia* (Oxford, 1974) [*Anarquia, Estado e Utopia*, Rio, Jorge Zahar, 1991]. Para críticas marxistas ao trabalho de Nozick, ver G.A. Cohen, "Nozick on Appropriation", *LR*, 150, (1985).
13. D. Miller, *Market, State, and Community* (Oxford, 1989), pp. 128, 174, 189. Ver, em termos mais gerais, ibid., Parte II. O "programa de democracia empobrecida", de Roberto Unger, envolve arranjos econômicos semelhantes aos propostos pelo socialismo de mercado de Miller e é passível às mesmas objeções. Ver *False Necessity* (Cambridge, 1987). A teoria da história de Unger é criticada por P. Anderson em "Roberto Unger and the Politics of Empowerment", *NLR*, 173 (1989).

14. *FT*, 3 de abril de 1985. Ver também A. Sen, *Poverty and Famines* (Oxford, 1982).
15. *FT*, 20 de abril de 1990.
16. K. Marx, *Capital*, II (Moscou, 1956), p. 499 [*O Capital, crítica da economia política, Livro II: o processo de circulação de capital*, Rio, Civilização Brasileira, 1970].
17. Ver, por exemplo, N. Harris, *Of Bread and Guns* (Harmondsworth, 1983), S. Lash e J. Urry, *The End of Organized Capitalism* (Cambridge, 1987), e, para algumas ressalvas, A. Callinicos, *Against Postmodernism* (Cambridge, 1990), Cap. 5.
18. Por exemplo, K. Marx, "Results of the Immediate Process of Production", Apêndice ao *Capital*, I: (Harmondsworth, 1976), pp. 1025-34 [*O Capital da economia política, Livro I: o processo de produção capitalista*, Rio, Civilização Brasileira, 1968], e *Grundrisse* (Harmondsworth, 1973), pp. 283-4. Mas, sobre o último trecho, ver E.M. Wood, "Rational Choice Marxism", *NLR*, 177 (1989), pp. 56-8.
19. *Independent*, 9 de janeiro de 1989.
20. G. Lipovetsky, *L'Ere du vide* (Paris, 1983).
21. Ver esp. K. Marx, *Capital*, III (Moscou, 1971), pp. 264-5 [*O Capital, crítica da economia política, Livro III: o processo global da produção capitalista*, Rio, Civilização Brasileira, 1974].
22. Ver, por exemplo, F. Pearce, *Turning up the Heat* (Londres, 1989), esp. o Cap. 13. Sou grato a I. Taylor por me ter chamado a atenção para esse livro.
23. S. Hecht e A. Cockburn, *The Fate of the Forest* (Londres, 1989).
24. A. Heller, "On Formal Democracy", em J. Keane (org.), *Civil Society and the State* (Londres, 1988), pp. 130, 131, 133.
25. T.G. Ash, *We the People*, p. 147.
26. Z.A. Pelczynsky, "Solidarity and 'the Rebirth of Civil Society' in Poland 1976-81", em Keane (org.), *Civil Society*, p. 363.
27. N. Bobbio, "Gramsci and the Conception of Civil Society", em id., *Which Socialism?* (Cambridge, 1986), e em Keane (org.), *Civil Society* [*O conceito da sociedade civil*, Rio, Graal, 1982]. Para uma discussão crítica da distinção entre Estado e sociedade civil, ver R. Miliband e L. Panitch (orgs.), *Socialist Register 1990* (Londres, 1990).
28. Pelczynski, "Solidarity", pp. 367-8.
29. Keane, introdução do organizador ao *Civil Society*, pp. 19-20.
30. Ash, *We the People*, pp. 148-9.
31. Heller, "Formal Democracy", p. 131.
32. Bobbio, "Which Socialism", p. 43.
33. Ibid., pp. 43, 100-1.
34. *Independent*, 7 de maio de 1990.
35. As alegações de Antonio Negri no sentido de que a "democracia é uma forma esgotada, com uma função puramente obscurantista, um termo geral para um sistema de poder inteiramente dominado pelas forças coletivas do capital", por conseguinte, nada têm a ver com a tradição marxista clássica. Ver "Is There a Marxist Doctrine of the State? A Reply", em Bobbio, *Which Socia-*

lism?, p. 125. Dificilmente surpreende que, enfrentando opositores revolucionários como Negri, os trabalhos de Bobbio tenham produzido tal impacto sobre a esquerda italiana.

36. Não seria apropriado discutir aqui os mecanismos através dos quais formas estatais específicas são levadas a atuar nos interesses do capital (ou os problemas teóricos envolvidos na análise desses mecanismos). B. Jessop, *The Capitalist State* (Oxford, 1982), apresenta uma útil análise da problemática em questão.
37. Ver P. Anderson, "The Affinities of Norberto Bobbio", *NLR*, 170 (1988).
38. Ver, por exemplo, a discussão muito fragmentada que Bobbio faz das três variantes da democracia direta no *Which Socialism?*, pp. 79-84.
39. Constitui um dos méritos do *Models of Democracy* (Cambridge, 1987), de David Held, que o autor reconheça o primeiro, embora não o segundo, desses aspectos das formas históricas de democracia.
40. Ver E. M. Wood, *Peasant-Citizen and Slave* (Londres, 1988), e minha resenha, "The Foundations of Athenian Democracy", *IS*, 2: 40 (1988).
41. L.D. Trotsky, *1905* (Harmondsworth, 1973), p. 266.
42. Id., *The Spanish Revolution* (1931-39) (Nova York, 1973), p. 85. Ver também *Leon Trotsky on China* (Nova York, 1976), pp. 319-20.
43. *LCW*, XXX, p. 264.
44. D. Gluckstein, *The Western Soviets* (Londres, 1985), R. Fraser, *blood of Spain* (Harmondsworth, 1981), C. Harman, *Class Struggles in Eastern Europe, 1945-83* (Londres, 1983), Cap. 7. C. Barker (org.), *Revolutionary Rehearsals* (Londres, 1987), A. Bayat, *Workers and Revolution in Iran* (Londres, 1987), C. Barker, *Festival of the Oppressed* (Londres, 1986). Discuto a teoria e a prática da democracia soviética no "Soviet Power", *IS*, 103 (1977).
45. A. Gramsci, *Selections from Political Writings 1910-1920* (Londres, 1977), p. 65.
46. *LCW*, XXV, p. 466.
47. Bobbio, *Which Socialism?*, p. 84.
48. A dependência tácita da produção capitalista do *know-how* e cooperação da força de trabalho que explora e aliena constitui um dos principais temas do pensamento de Cornelius Castoriadis em sua fase marxista. Ver seu *Social and Political Writings* (2 vols., Minneapolis, 1988).
49. Ver A. Callinicos e C. Harman, *The Changing Working Class* (Londres, 1987), L. German, *Sex, Class and Socialism* (Londres, 1989), e Callinicos, *Against Postmodernism*, pp. 121-7.
50. T. Wolforth, "Transition to Transition", *NLR*, 130 (1981), p.79.
51. Held, *Models*, p. 131, n.8.
52. Ver J. Reed, "Soviets in Action", *IS*, 67 (1974), p. 20, e D. Mandel, *The Petrograd Workers and the Seizure of Power* (Bassingstoke, 1984), pp.351-7.
53. *MECW*, XX, pp. 332-4.
54. Held, *Models*, pp. 137-8.
55. L.D. Trotsky, *The Revolution Betrayed* (Nova York,1971), pp. 266-7 [*A revolução traída*, São Paulo, Global, 1980]. Críticos de Trotsky comparam freqüentemente seu comprometimento com os sovietes multipartidários em

1937 com a defesa da coação em grande escala em trabalhos do tempo da Guerra Civil, como o *Terrorism and Communism* (Londres, 1975) [*Terrorismo e comunismo*, Rio, Saga, 1969] publicado originariamente em 1920. Essas críticas não levam devidamente em conta nem a crise aguda dos anos pós-revolucionários imediatos —sobre os quais ver T. Cliff, *Trotsky, the Sword of the Revolution 1917-23* (Londres, 1990) —nem a extensão em que ele, subseqüentemente, afastou-se da identificação do poder dos sovietes com o governo unipartidário adotado pelos bolcheviques durante esses anos. As opiniões em evolução de Trotsky sobre a relação entre partido e classe são discutidas em esclarecedores ensaios reunidos em N. Geras, *Literature of Revolution* (Londres, 1986).

56. Trotsky, *Revolution Betrayed*, p. 266.
57. Ver O.H. Radkey, *The Elections to the Russian Constituent Assembly of 1917* (Cambridge, Mass., 1950). Cf. com a interessante discussão feita por Lenin no "The Constituent Assembly Elections and the Dictatorship of the Proletariat", em *LCW*, XXX.
58. M. Liebman, *Leninism and Lenin* (Londres, 1975), p. 237.
59. Ibid., p. 236.
60. Raymond Williams discute maneiras de democratizar os meios de divulgação de massa no *Communications* (Harmondsworth, 1968), Cap. 5.
61. *MECW*, XXIV, p. 94.
62. Ibid., XXXIX, pp. 62, 65.
63. Ibid., XXIV, p. 87.
64. L.D. Trotsky, *Writings (1932)* (Nova York, 1973), pp. 273-4. Trotsky ataca a "repressão administrativa da NEP" por Stalin, sobre o fundamento de que "a contabilidade econômica é impensável sem relações de mercado", e argumenta pedindo um "recuo planejado", implicando o restabeleciamento dos mecanismos de mercado. "*Il faut reculer pour mieux sauter*: Recuemos em ordem para avançar melhor." (Ibid., pp. 276, 279). Esses argumentos não representavam apenas a reação de Trotsky ao Primeiro Plano Qüinqüenal: ele defendera o mesmo tema, o da interdependência de mercado e plano, em princípios da década de 1920. Ver Cliff, *Trotsky*, p. 239-44.
65. Sobre essa concepção geral do período de transição, ver P. Binns e D.Hallas, "The Soviet Union —State Capitalist or Socialist?", *IS*, 91 (1976), e E. Balibar, *On the Dictatorship of the Proletariat* (Londres, 1977).
66. Nove, *Economics*, pp. 15-7.
67. F. Pearce, "In Defence of Population Growth", *New Scientist*, 9 de agosto de 1984, p. 15.
68. Citado em Pearce, *Turning Up the Heat*, pp. 180-2.
69. Marx, "Results", p. 1068.
70. Ver, por exemplo, D. Wiggins, "The Claims of Need", em T. Honderich (org.), *Morality and Objectivity* (Londres, 1985).
71. N. Geras, "The Controversy about Marx and Justice", *NLR*, 150 (1985), p.82. Geras adverte para a distinção entre necessidades e carências na p. 83.
72. Ibid., pp. 82-3.
73. Lange e Taylor, *Economic Theory*, pp. 139-41. Mandel desenvolve esse argumento com muito maiores detalhes no "Defence", pp. 14-21.

74. Ver, por exemplo, D. Elson, "Market Socialism or Socialization of the Market?", *NLR*, 172 (1988), e P. Devine, *Democracy and Economic Planning* (Cambridge, 1988).
75. *MECW*, XXIV, p. 87.
76. K. Marx, *Theories of Surplus-Value*, I (Moscou, 1963), p. 401 [*Teorias da mais-valia,* Rio, Civilização Brasileira, 1980].
77. Id., *Grundrisse*, p. 611.
78. Id., *O Capital*, III, p. 820.
79. *MECW*, V, p. 47.
80. A. Rattansi, *Marx and the Division of Labor* (Londres, 1982).
81. G.A. Cohen, "Reconsidering Historical Materialism", em A. Callinicos (org.), *Marxist Theory* (Oxford, 1989), pp. 159-61. A dúvida posterior de Cohen, se ou não a atividade criativa satisfaz plenamente a necessidade humana de realização, e a dúvida correlata de Terry Eagleton, se ou não o desenvolvimento "harmonioso" dos talentos humanos é, em todos os casos, um bem sem restrições —ver *The Ideology of the Aesthetic* (Oxford, 1990), Cap. 8 [*A ideologia da estética,* Rio, Jorge Zahar, 1992] —não debilitam seriamente o argumento de Marx em favor do comunismo, enquanto for aceito que a atividade criativa é componente essencial da auto-realização.
82. *MECW*, V, p. 47.
83. Ver Callinicos e Harman, *Changing Working Class*, Cap. l.
84. J. Elster, *Making Sense of Marx* (Cambridge, 1985), p. 526.
85. *MECW*, VI, p. 506.
86. Ibid., IV, p. 131.
87. Elster, *Making Sense*, p. 526.
88. *MECW*, XXIV, pp. 86-7.
89. P. Anderson, "Modernity and Revolution", em C. Nelson e L. Grossberg, *Marxism and the Interpretation of Culture* (Basingstoke, 1988), p. 336. Anderson fala nesse trabalho de "socialismo", mas descreve um estado de coisas que, ao que tudo indica, só seria estabelecido com o advento do comunismo.
90. K. Marx, *A Contribution to the Critique of Political Economy* (Londres, 1971), pp. 21-2 [*contribuição à crítica da economia política*, São Paulo, Martins Fontes, 1983]. Compare com os comentários interessantes, ainda que um tanto darwinianos, de Kautsky, sobre a competição entre indivíduos sob o socialismo, no *The Agrarian Question* (2 vols., Londres, 1988), II, p. 208 [*A questão agrária*, Rio, Laemmert, 1968].
91. L.D. Trotsky, *Literature and Revolution* (Ann Harbor, Michigan, 1971), pp. 230-1 [*Literatura e revolução*, Rio, Zahar, 1980].
92. Para uma discussão recente do pluralismo, mas que nunca vai muito além de uma elegante recusa em tomar partido, ver G. MacLennan, *Marxism, Pluralism and Beyond* (Cambridge, 1989).
93. *LCW*, XXV, p. 461.
94. *MECW*, VI, p. 505.
95. Ibid., XXIV,p. 71.
96. *LCW*, XXV, p. 469.

97. Ver, sobre nacionalidade, A. Callinicos, *Making History* (Cambridge, 1987), Caps. 4 e 5, e, sobre sexo, L. German, *Sex, Class and Socialism*.
98. Ver A. Callinicos, "Marxism and Politics", em A. Leftwich (org.), *What is Politics?* (Oxford, 1984). O argumento de Andrew Levine no *The End of the State* (Londres, 1987), de que "o fim do Estado resulta em uma ordem social em que os indivíduos dedicam sua vida à deliberação pública e ao debate, e mesmo à escolha coletiva" (pp. 172-3), concorda com o tema desta seção. Infelizmente, seu livro é gravemente enfraquecido pela aceitação, sob a influência de John Roemer, da idéia de que socialismo envolve formas de exploração (pp. 108-19).
99. N. Geras, "Seven Types of Obloquy", em Miliband e Panich (orgs.), *Socialist Register 1990*.
100. Marx, *Grundrisse*, p. 488.

Conclusão (pp. 148-150)

1. *MECW*, VI, p. 487.

Índice de nomes e assuntos